全国中等职业技术学校汽车类专业教材

汽车涂装习题册

中国劳动社会保障出版社

图书在版编目(CIP)数据

汽车涂装习题册/胡小牛主编. —北京：中国劳动社会保障出版社，2013
全国中等职业技术学校汽车类专业教材
ISBN 978-7-5167-0721-0

Ⅰ.①汽… Ⅱ.①胡… Ⅲ.①汽车-涂漆-中等专业学校-习题集 Ⅳ.①U472.44-44

中国版本图书馆CIP数据核字(2013)第238191号

中国劳动社会保障出版社出版发行
(北京市惠新东街1号 邮政编码：100029)
*
中国标准出版社秦皇岛印刷厂印刷装订 新华书店经销
787毫米×1092毫米 16开本 7印张 166千字
2013年10月第1版 2020年12月第6次印刷
定价：13.00元

读者服务部电话：(010) 64929211/84209101/64921644
营销中心电话：(010) 64962347
出版社网址：http://www.class.com.cn
http://zyjy.class.com.cn

目　录

单元一　汽车涂装概述

课题 1　汽车涂装的作用

一、填空题（将正确答案填写在空白处）

1. 我国汽车工业起步于______世纪______年代，第一辆解放牌汽车下线以前，我国只有汽车修配业，汽车涂装只是作坊式的汽车修补涂装。

2. 现代汽车的修补涂装工艺按照涂装作业顺序可以分为六个基本工序，即汽车涂装前准备、____________、原子灰涂层涂装、__________、__________、涂膜缺陷分析与防治。

3. 面涂层涂装包括面漆喷涂前准备、____________、面漆局部修补喷涂以及__________________。

4. 汽车修补涂装的涂装方法主要有__________、__________和__________三种。

5. 汽车涂装的三要素包括__________、__________和__________。

6. 涂装材料的______________和______________是获得优质涂层的基本条件。

7. 涂装工艺的______________和______________是获得优质涂层的必要条件。

8. 操作人员的素质、__________，__________、__________和空气的洁净度等都对车身涂层质量影响很大。

9. 汽车修补涂装常用的材料有__________、__________、__________和溶剂等。

二、选择题（选择正确的选项填写在横线上）

1. 汽车外表的________以上是涂装表面。

   A. 70%　　B. 80%　　C. 90%　　D. 100%

2. 世界汽车涂装发展过程的五个阶段中第二阶段是________。

   A. 1931—1947 年　　B. 1930—1946 年

   C. 1930—1945 年　　D. 1945—1950 年

3. 汽车涂装方法采用阳极电泳和自动静电喷涂是在________。

   A. 第一阶段　　B. 第二阶段　　C. 第三阶段　　D. 第四阶段

4. 经过________多年的发展，我国汽车涂装逐步走向现代化，并逐渐向世界水平靠拢。

   A. 40　　B. 50　　C. 60　　D. 70

5. ________是汽车修补涂装中难度最大的涂装工序，涂料的选用是否合理、颜色的调配是否准确，都直接影响涂装工作的成败。

   A. 中涂底漆涂层涂装　　B. 底涂层涂装

C. 面漆喷涂前准备　　　　　　D. 汽车修补涂装前准备

6. 轿车涂层总体厚度一般控制在________ μm 左右。

A. 80　　B. 90　　C. 100　　D. 105

7. 现代汽车的修补涂装工艺按照涂装作业顺序可以分为________个基本工序。

A. 4　　B. 6　　C. 8　　D. 10

8. ________包括原子灰的选用、原子灰的刮涂和原子灰涂层的修整。

A. 车身中间涂层涂装　　　　B. 中涂底漆涂层涂装

C. 原子灰涂层涂装　　　　D. 面涂层涂装

9. 工程车涂成黄色与黑色相间的条纹是利用涂装的________作用。

A. 装饰　　B. 保护　　C. 标识　　D. 特殊

三、判断题（对的打“√”，错的打“×”）

1. 汽车涂装是指将涂料涂覆于经过处理的汽车底材表面上，经干燥成膜的工艺。（　　）

2. 车身中间涂层涂装的作用是增强车身底材与中间涂层或面涂层之间的附着力，防止底材腐蚀和提高底材的防腐能力。（　　）

3. 面漆喷涂前准备是汽车修补涂装中难度最大的涂装工序。（　　）

4. 刮涂是用刮板将涂料刮于被涂物表面的涂装方法。（　　）

5. 如果涂料施工参数不合理，还是可以得到满意的涂层的。（　　）

6. 刮涂对涂装设备的要求较低，对操作人员的技术要求较高，涂料浪费较少。（　　）

7. 从涂装前表面预处理到最终成品要经过多道工序才能完成，每道工序都有几个甚至十几个因素或工艺参数直接影响涂层质量。（　　）

8. 由于受喷涂环境和喷涂条件的影响，涂装表面或多或少存在一些涂膜缺陷。（　　）

9. 不同的涂装方法适用于不同条件下的涂装，因此选择正确的涂装方法是非常重要的。（　　）

10. 旧车修补涂装是恢复汽车原有的涂层技术标准，达到无痕迹修补的目的。（　　）

四、简答题

1. 我国汽车涂装变革过程分为哪四个阶段？

2. 现代汽车涂装的发展趋势主要集中在哪些方面？

3. 汽车涂装有哪些作用？

4. 汽车涂装作业管理推行的“6S”管理的核心内容是什么？

课题 2　汽车涂装作业的安全生产

一、填空题（将正确答案填写在空白处）

1. 汽车涂装是一个高污染的行业，会形成__________、__________和__________。

2. 呼吸保护器有__________、__________和__________三种。

3. 滤毒罐的活性炭滤芯通常用无毒、__________、__________和__________材料制成，可以随时更换。

4. 汽车涂装作业经常使用的手套有__________、__________和__________三种。

5. 废气处理方法有__________、__________、__________和直接燃烧法。

6. 涂料在使用过程中挥发，产生大量的有害气体，如苯、______、______、________、醛、酮和胺等。

7. 油漆中________________达到一定的浓度可致人死亡。

8. 供气式防毒面罩有________________和________________两种。

9. 防尘口罩不适合____________或有气态化学危害物质的场合，不能用防尘口罩代替______________使用。

10. 喷涂作业中，活性炭面罩对________、硝基漆以及其他非氰化涂料有较好的防护效果，但对____________则无防护作用。

二、选择题（选择正确的选项填写在横线上）

1. 长期接触________会引起慢性中毒，形成白细胞减少、血小板降低、骨髓造血功能发生障碍等疾病。

A. 铬　　B. 铅　　C. 锌　　D. 苯

2. ________主要来自于涂装作业中产生的漆雾颗粒、打磨粉尘，用剩、变质固化的涂料和耗材以及回收稀料时产生的废渣等。

A. 废气污染　　B. 废渣污染　　C. 废水污染　　D. 废液污染

3. ________适合在修补涂装中处理底材、手工除锈、除旧漆和干磨原子灰时使用。

A. 防尘口罩　　B. 滤筒式防毒面具

C. 供气式防毒面罩　　D. 棉纱口罩

4. ________的作用是防止粉尘和漆雾等有害物质黏附在头发上，保持头部清洁。

A. 防尘口罩　　B. 工作帽　　C. 护目镜　　D. 防护面具

5. ________用于除油、清洗喷枪等与溶剂直接接触的场合。

A. 棉纱手套　　B. 乳胶手套　　C. 防溶剂手套　　D. 防滑手套

6. 气动工具必须在规定的压力下工作，吹尘用压缩空气的压力应保持在________ kPa 以下。

A. 100　　B. 200　　C. 300　　D. 400

7. ________灭火器适用于火源集中、泡沫容易堆积等场合的火灾扑救。

A. 酸碱式　　B. 泡沫式　　C. 高倍数泡沫　　D. 干粉

8. 防尘口罩可以滤掉在修补涂装中处理底材等作业过程中________以上的尘埃颗粒。

A. 70%　　B. 80%　　C. 90%　　D. 95%

9. 正规的眼睛防护用具都进行了特殊处理，镜片具有________功能，以保证涂装作业的顺利进行。

A. 加热　　B. 不起雾　　C. 防水　　D. 自清洁

三、判断题（对的打“√”，错的打“×”）

1. 在涂装过程中形成的漆雾、有机溶剂蒸气、粉尘与空气混合积聚到一定的含量范围时，一旦接触明火，就很容易引起火灾或爆炸事故。（　）

2. 半面式防毒面罩可以让空气充满整个面罩，不仅保护工作人员的呼吸系统，就连整个头部都能保护到。（　）

3. 正规的眼睛防护用具都进行了特殊处理，但是镜片不具有防雾功能。（　　）

4. 如果操作者安全意识淡薄，就很容易发生事故，严重时还会造成人员伤亡。（　　）

5. 干粉灭火器适用于火源集中、泡沫容易堆积等场合的火灾扑救。（　　）

6. 焚烧后产生的残留物不管是否含有害物质，都可以直接深埋处理。（　　）

7. 涂装车间应使用防爆灯和防爆开关，工作灯必须使用 36 V 的安全电压。（　　）

8. 电动打磨机、空气压缩机、烤漆房等机电设备使用的均为高压直流电。（　　）

9. 棉纱手套适用于打磨、除尘、清理等场合，乳胶手套适用于调色、喷涂等与溶剂不直接接触的场合。（　　）

四、简答题

1. 汽车涂装车间产生火灾和爆炸的原因有哪些？

2. 常用的灭火方法有哪三种？

3. 对汽车修补涂装产生的废弃物焚烧处理必须注意哪些事项？

4. 简述涂装作业中三种常用呼吸保护器的作用和使用场合。

5. 思考不同涂装作业环境下应采取的防护措施，并把答案写在下面的表格中。

	呼吸	眼睛	耳朵	手	身体	头脚
除油						
刮涂						
打磨						
遮盖						
调色						
喷涂						

五、实践与练习

对照下面的汽车涂装操作图片，判断涂装工作人员的卫生安全防护工作做得是否合理，并指出错误的地方。

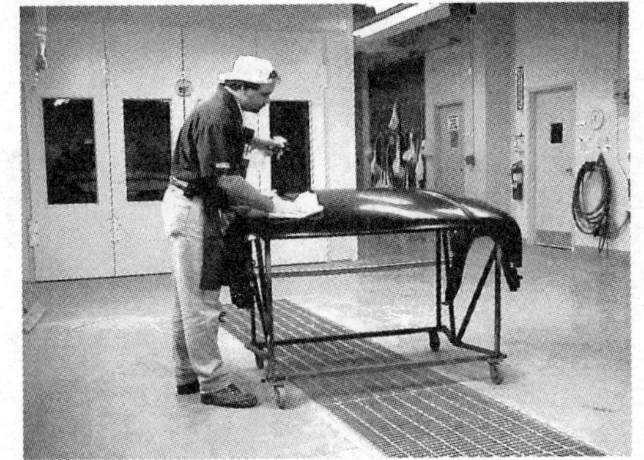

正确（　）　错误（　）

错误之处＿＿＿＿＿＿＿＿

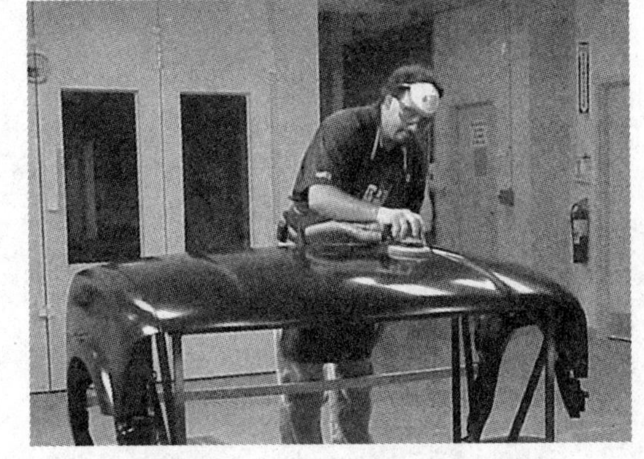

正确（　）　错误（　）

错误之处＿＿＿＿＿＿＿＿

正确（　）　错误（　）

错误之处＿＿＿＿＿＿＿＿

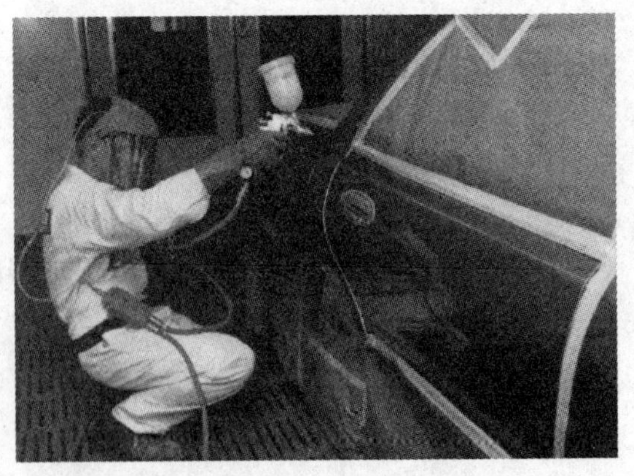

正确（　）　错误（　）

错误之处＿＿＿＿＿＿＿＿

单元二　汽车涂装设备的使用

课题 1　空气喷枪的使用

一、填空题（将正确答案填写在空白处）

1. 空气喷枪主要由气帽、______、______、______、______、调节旋钮和手柄等组成。

2. 气帽上有三个空气喷口，分别是__________、__________和__________。

3. 喷枪按照涂料的供给方式分为__________、__________和__________。

4. 喷枪按照用途分为__________、__________和__________三种。

5. 喷枪按照喷涂气压分为______________、______________和______________三种。

6. 传统高气压喷枪的喷涂距离为__________cm，最佳喷涂距离为__________cm。

7. 手提式喷枪每次有效的移动距离为____________mm，如果需喷涂的长度大于____________mm，就需分段喷涂。

8. 吸力式喷枪的优点是______________________________________。

9. 喷枪是利用压缩空气的压力使______________雾化，形成雾状喷射流，将涂料喷涂到____________上，形成厚薄均匀、具有光泽的涂膜。

10. 空气喷枪侧喷口的作用是借助______________控制______________形状。

二、选择题（选择正确的选项填写在横线上）

1. 中心喷口位于喷嘴末端，产生喷出涂料所需的________压。

A. 正　　B. 负　　C. 正或负　　D. 都不是

2. 涂料流量调节旋钮用于控制液体涂料的流量。当它________时，扣下扳机没有涂料流出；________时，液体涂料的流量最大。

A. 全关、全开　　B. 半开、半关　　C. 全开、半关　　D. 全关、半开

3. ________是专门用于小面积修补的喷枪，目前广泛用于汽车修理厂、汽车美容店等场所。

A. 小修补喷枪　　B. 底漆喷枪　　C. 面漆喷枪　　D. 压力式喷枪

4. 传统高气压喷枪工作压力高，空气流速快，雾化效果好，其雾化压力为________MPa。

A. 0.22　　B. 0.25　　C. 0.26　　D. 0.28

5. 环保型高流量低气压喷枪工作压力低，非常安静，涂料的反弹率小，涂料的利用率在________以上。

A. 70%　　B. 60%　　C. 65%　　D. 75%

6. 喷枪移动的速度一般在________mm/s 范围内。

A. 200～500　　B. 400～700　　C. 300～600　　D. 300～500

7. 喷涂时，后一道喷幅应在前一道喷幅上重叠________的宽度，以确保喷涂涂层均匀、流平性好。

A. 1/3～2/3　　B. 1/4～2/3　　C. 1/2～2/3　　D. 1/5～2/3

8. 安装喷枪喷嘴时，喷嘴的拧紧力矩为________N・m。

A. 12　　B. 14　　C. 15　　D. 16

9. ________喷枪主要喷涂黏度较小的涂料，广泛应用于汽车修补涂装。

A. 重力式　　B. 吸力式　　C. 压力式　　D. 环保型

10. 环保型高流量低气压喷枪的喷涂距离一般为________cm。

A. 10～15　　B. 13～17　　C. 15～20　　D. 20～25

三、判断题（对的打"√"，错的打"×"）

1. 为了始终保持喷枪与被涂物表面平行，喷涂时，喷枪位置要随板件形状发生变化。（　）

2. 环保型高流量低气压喷枪的喷涂距离为 13～17 cm，最佳喷涂距离为 20 cm。（　）

3. 手提式喷枪每次有效的移动距离为 500～1 000 mm，如果需喷涂的长度大于 1 000 mm，就需分段喷涂。（　）

4. 传统高气压喷枪的喷涂距离为 18～23 cm，最佳喷涂距离为 20 cm。（　）

5. 低流量中气压喷枪的喷涂距离为 18～23 mm。（　）

6. 面漆喷枪不必强调雾化效果，但是喷涂的面漆必须颜色均匀、流平性好，在面漆喷枪的喷幅中，雾化区比中心湿润区宽大。（　）

7. 底漆喷枪是专门用于底漆、中涂涂层喷涂的喷枪。（　）

8. 空气喷枪侧喷口的作用是借助空气压力控制雾束形状。（　）

9. 板件局部修补选用压力式喷枪或吸力式喷枪。（　）

10. 拧进涂料流量调节旋钮，涂料喷出量减少，喷雾变稀；拧出涂料流量调节旋钮，涂料喷出量增大。（　）

四、简答题

1. 简述喷枪的基本工作原理。

2. 喷枪按用途可以分为哪几类？各种类型喷枪的用途是什么？

3. 空气喷枪使用前需要进行哪些方面的调整？

4. 汽车涂装作业怎样选用喷枪？

5. 重力式喷枪有哪些特点？

五、实践与练习

对照下图所示的车身门板，练习喷枪操作规范，总结喷枪使用技巧。

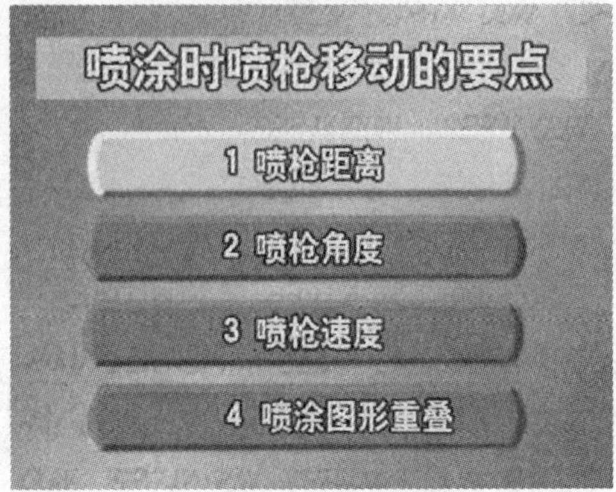

课题 2　压缩空气供给系统的使用

一、填空题（将正确答案填写在空白处）

1. 压缩空气供给系统一般由__________、__________、__________和处理装置、空气输送装置及各种辅助元件等组成。

2. 汽车涂装车间经常使用的空气压缩机有__________和__________两种。

3. 活塞式空气压缩机的自动控制装置包括____________和__________两大元件。

4. 空气压缩机应尽可能安置在__________、__________、__________的地方。

5. 油水分离器的作用是______________________，使输出的空气干燥、洁净。

6. 常见的油水分离器有____________、____________和____________三种。

7. 常见的空气干燥器有____________、__________和____________三种。

8. 常见的快速接头和插头按惯用标准分为__________和__________两种。

9. 活塞式空气压缩机由电动机、压缩机、_________________、传动带护栏、压力表、______________、安全阀等组成。

10. 当储气罐内的压力达到最大值时，________________开启，罐内的压缩空气排向大气，使压缩机__________。

二、选择题（选择正确的选项填写在横线上）

1. 安装空气压缩机时，墙体和其他障碍物应距离空气压缩机________cm 以上，以有利于空气的流动和机体的散热。

A. 20　　B. 30　　C. 40　　D. 50

2. ________油水分离器用于喷涂质量和涂料毒性高的喷涂工位。

A. 单节式　　B. 双节式　　C. 三节式　　D. 四节式

3. 压缩空气的输送系统由管路组成，管路整体倾斜度为________，以便于管路中凝结的水流出。

A. 1%　　B. 2%　　C. 3%　　D. 4%

4. 自动卸载器调节最大压力和最小压力可以通过调整螺钉进行，拧紧调整螺钉最大卸载压力________，反之________。

A. 增大、减小　　B. 不变、增大　　C. 减小、增大　　D. 不变、减小

5. 通过净化系统的一系列流程，油水分离器能消除压缩空气中直径为________ μm 的颗粒，水净化率可达到 100%，油污净化率可达到 99.99%。

A. 0.01　　B. 0.02　　C. 0.03　　D. 0.05

6. ________与安全阀不可安装在一起，因为一旦排污孔堵塞，安全阀将不起作用而发生危险。

A. 减压阀　　B. 压力开关　　C. 压力表　　D. 排污阀

7. 常见的________有化学式、除湿式和冷冻式三种。

A. 空气干燥器　　B. 空气压缩机　　C. 储气罐　　D. 油水分离器

8. ________油水分离器过滤的空气用于打磨、洗枪工位。

A. 单节式　　B. 双节式　　C. 三节式　　D. 四节式

9. 选择气管时，首先要考虑气管的________。

A. 长度　　B. 材料　　C. 直径　　D. 耐压能力

10. 若没有将空气中的________清除干净，在喷漆中会造成“鱼眼”“气泡”等涂膜缺陷。

A. 灰尘　　B. 杂质　　C. 氧气　　D. 油和水

三、判断题（对的打“√”，错的打“×”）

1. 空气压缩机是以电动机驱动，将空气压缩成高压空气的一种机械。（　　）

2. 自动卸载器是利用空气压力控制电动机电源开闭的开关。（　　）

3. 当储气罐内的压力达到最大值时，自动卸载器开启，罐内的压缩空气排向大气，使压缩机空转。（　　）

4. 排污阀安装在储气罐的侧面，用以定期排除储气罐内的污物。排污阀与安全阀不可安装在一起，因为一旦排污孔堵塞，安全阀将不起作用而发生危险。（　　）

5. 自动卸载器俗称安全阀，安装在储气罐上。（　　）

6. 空气干燥器主要用于升高压缩空气的温度，它既可以吸收气流的热量，又可以清除杂质和残余的油、水。（　　）

7. 若压缩空气净化装置没有将空气中的油、水清除干净，在喷漆中会造成“鱼眼”“气泡”等涂膜缺陷。 （ ）

8. 同一管径的管路越长，空气通过的气压降就越小。 （ ）

9. 待储气罐上的压力表指示到气动工具正常工作气压后，才可以接上气动工具。 （ ）

10. 机油的更换属于日常维护内容。 （ ）

四、简答题

1. 压缩空气供给系统的组成及作用是什么？

2. 简述压缩空气供给系统开关的操作顺序。

3. 简述空气压缩机润滑系统的检查与润滑油的更换方法。

4. 螺杆式空气压缩机有哪些优点？

5. 储气罐上的安全阀和排污阀各有什么作用？

五、实践与练习

1. 参照压缩空气供给系统维护的要点，对涂装车间的压缩空气供给系统进行维护，写出维护注意事项。

2. 分析“涂膜鱼眼”可能由压缩空气供给系统的哪些缺陷造成。

课题 3　烘干设备的使用

一、填空题（将正确答案填写在空白处）

1. 烤漆房主要由墙体、________、________、________、________、控制装置、废气处理装置等组成。

2. 烤漆房墙体结构可分为__________________和__________________两类。

3. 换气系统有______________、______________和______________三种形式。

4. 目前使用的过滤系统有__________________和__________________两种。

5. 燃油加热型烤漆房的加热装置由____________、____________组成，国内高档烤漆房采用进口燃烧器和双层散热管式热交换器。

6. 烤漆房内的照明装置由两排组合日光灯组成，使烤漆房内的照度保持在__________以上。

7. 控制箱有总电源控制、__________、____________、__________和烤漆时间控制等功能。

8. 烘箱的加热方式一般为________________和__________________两种。

9. 烤漆房喷漆温度冬季一般设定为______℃，夏季一般设定为______℃。

10. 现代汽车维修行业常用的是____________烤漆房，简称烤漆房，低温烤漆房大多为__________________。

二、选择题（选择正确的选项填写在横线上）

1. 框架结构是在墙体骨架的内、外铺以镀锌铁皮，中间夹厚度为________ mm 的隔热保温材料。

A. 30～50　　B. 20～40　　C. 40～60　　D. 50～70

2. 烤漆房的换气系统普遍采用________。

A. 正向通风式　　B. 下向通风式　　C. 反向通风式　　D. 逆向通风式

3. 汽车维修烤漆作业的温度不得高于________℃。

A. 60　　B. 70　　C. 80　　D. 90

4. 汽车烤漆房作业区内的空气从 20℃加热至 60℃所需的时间不得超过________ min。

A. 13　　B. 15　　C. 20　　D. 10

5. 烤漆时，烤漆房的热空气对流为密闭式循环系统，烤漆房的循环风速应不低于________ m/s。

A. 5　　B. 4　　C. 2　　D. 3

6. 红外线烤灯的烘烤距离为________ cm。

A. 80～120　　B. 90～120　　C. 70～120　　D. 80～130

7. 现在汽车维修企业使用的烤漆房大多为________过滤系统。

A. 湿　　B. 干　　C. 冷冻　　D. 油水分离器

8. 喷漆时，烤漆房的风速应在________ m/s 范围内。

A. 0.7～0.9　　B. 0.5～0.7　　C. 0.3～0.5　　D. 0.1～0.3

9. 烘烤时，烤漆房必须持续排出和补给________的空气，防止溶剂蒸气积累引发爆炸。

A. 10%　　B. 20%　　C. 30%　　D. 40%

10. 当红外线烤灯的烘烤距离大于规定值时，________的黄色指示灯亮。

A. 左侧　　B. 右侧　　C. 上端　　D. 下端

三、判断题（对的打“√”，错的打“×”）

1. 烤漆房为面漆涂装提供清洁、安全、照明良好的封闭环境，使喷涂过程中产生的污染物得以控制和治理。（　）

2. 现代汽车维修行业常用的是高温烤漆房，简称烤漆房。（　）

3. 墙板式结构质量轻，隔热保温性好，不需要墙体骨架，生产工艺性、经济性好。（　）

4. 烤漆房内的空气应自下而上流动，喷漆时，风速应在 0.3～0.5 m/s 范围内，不会产生气流死角、漆雾回落和涂膜的流平性不良等现象。（　）

5. 烘烤时，烤漆房必须持续排出和补给 10%的空气，防止溶剂蒸气积累引发爆炸。（　）

6. 烘箱的特点是保温性能好，使用方便，但是占地面积大。（　）

7. 高温烤漆房大多为单室喷—烤漆房，即可以在其中进行喷涂施工，等漆膜表面晾干后，再实施烘烤工序。（　）

8. 空气过滤系统的作用是净化进入烤漆房的空气和排出烤漆房的空气。（　）

9. 燃烧器打火应 1～2 次成功，超过两次就需要进行维修。（　）

10. 烤漆房喷漆温度冬季一般设定为 30℃。（　）

四、简答题

1. 烤漆房的基本要求有哪些？

2. 烤漆房使用注意事项有哪些？

3. 如何进行烤漆房的维护？

4. 怎样使用英国得利红外线烤灯的控制面板？

五、实践与练习

1. 对车间里的喷—烤漆房进行一次系统维护，写出维护步骤。

2. 用红外线烤灯对刚刮涂的原子灰进行干燥，写出原子灰干燥要点。

课题4　打磨设备的使用

一、填空题（将正确答案填写在空白处）

1. 无尘干磨系统主要由真空吸尘器、________、________和干磨砂纸等组成。

2. 伺服系统由__________、________、__________和压缩空气快速接头等组成。

3. 常用的偏心距打磨机有______mm、______mm、______mm三种，偏心距越大，打磨机的磨削力越强。

4. 干磨砂纸一般是片状带孔砂纸，有________和________两种。

5. 手工打磨垫块主要有________、________和________三种。

6. 三维打磨材料是研磨颗粒附着在________或________上形成的打磨材料。

7. 真空吸尘器是__________的集尘中心，主要用于收集打磨下来的______。

8. 打磨机按照驱动方式可分为________和________，按照托盘的形状可分为________和________。

9. 按照车间的布置方式，无尘干磨系统分为有固定工位的________和无固定工位的________两种。

二、选择题（选择正确的选项填写在横线上）

1. 一般来说，偏心距为________mm的打磨机用于打磨漆面，偏心距为________mm的打磨机用于打磨羽状边。

A. 3、5　　B. 4、6　　C. 5、7　　D. 6、8

2. 大面积打磨选用________in打磨托盘，以加快打磨速度。

A. 8　　B. 5　　C. 6　　D. 10

3. ________砂纸用于清除漆面的颗粒、橘皮和脏点。

A. P500～P1600　　B. P400～P1200

C. P700～P1800　　D. P600～P1500

4. 气动打磨机转速高，对涂膜打磨主要依靠旋转力的切削，打磨时其托盘与工作面要保持________的夹角。

A. 17°～21°　　B. 15°～20°　　C. 13°～20°　　D. 15°～25°

5. 打磨时，前后两道砂痕之间重叠________，这样有利于磨平整个漆面，不会产生很深的划痕，也不会遗漏需要打磨的部位。

A. 40%～60%　　B. 30%～60%

C. 50%～60%　　D. 50%～70%

6. 常规打磨时，将水磨砂纸裁成1/4大小，约为________。

A. 12.5 cm×14 cm　　B. 11.5 cm×14 cm

C. 11.5 cm×15 cm　　D. 13.5 cm×16 cm

7. 干磨砂纸的背面印有砂纸的规格，砂纸的规格用“________”表示。

A. Q　　B. P　　C. D　　D. W

8. 菜瓜布是三维打磨材料的一种，主要用于喷涂前粗化表面和去除涂膜的________缺陷。

A. 粗大　　B. 细小　　C. 凹坑　　D. 凸起

9. ________打磨机主要用于消除钣金焊点和除旧漆作业。

A. 单动作　　B. 双动作　　C. 轨道　　D. 抛光

10. 清除旧涂层时，打磨机向右移动，打磨机叶轮左上方的________对准加工表面。

A. 1/5　　B. 1/4　　C. 1/3　　D. 1/2

三、判断题（对的打“√”，错的打“×”）

1. 偏心距为 5 mm 的打磨机用于粗磨原子灰和除旧漆作业。（　）

2. 装吸尘软管之前要检查软管有无破损，吸尘软管自然伸展。吸尘软管不能折曲，不能挤压。（　）

3. 绿色菜瓜布相当于 P240 砂纸，红色菜瓜布相当于 P360 砂纸。（　）

4. 气动移动式无尘干磨系统在汽车维修行业不是应用最为广泛的一种。（　）

5. 小面积打磨可以选择 5 in 或 6 in 打磨托盘，操作起来比较方便。（　）

6. 手刨是一种手工打磨工具，它本身没有动力机构，是借助手的推力来实现打磨的。（　）

7. 电动打磨机的转矩大，在进行打磨作业时，打磨机托盘要保持与工件表面垂直，否则会在金属表面留下划痕。（　）

8. 打磨较小的凹穴，应增大打磨机托盘与工件表面的角度，适当提起打磨机。（　）

9. 水磨砂纸使用前不必浸泡，也可以使砂纸的柔韧性增加。（　）

10. 打磨羽状边时，要前后推拉打磨机。（　）

四、简答题

1. 简述无尘干磨系统的组成及各部分的作用。

2. 简述如何进行真空吸尘器的清洁。

3. 简述手工水磨的方法。

4. 怎样进行大面积平整旧漆表面的打磨?

5. 打磨机的维护主要有哪些内容?

五、实践与练习

对照下图，在车门涂膜破损区域练习羽状边的打磨，写出打磨机使用技巧。

单元三　汽车修补涂装前准备

课题 1　车身修补涂装工艺的确定

一、填空题（将正确答案填写在空白处）

1. 车身表面清洗常用的工具有__________、__________和__________等。

2. 车身涂层修补工艺按照修补的面积分为__________、__________和整车喷涂。

3. 车身修补涂装工艺的选择一般从__________、__________、__________和车身底材特性等几个方面综合考虑。

4. 钢铁材料的涂装一般包括__________、__________、__________、__________等工艺。

5. 根据视觉的鲜明程度，一般将车身划分为__________区域。

6. 当损伤位于板面的边缘时，浅颜色底漆可以采用__________工艺。

7. 镀锌板必须进行__________和__________处理后才能涂装。

8. 车身待修补区域清洁的目的是除去车身表面的__________、污垢、石蜡和硅酮抛光剂，以提高涂膜的__________，防止涂装缺陷的产生。

9. 车身涂层修补工艺按照漆膜损伤的程度不同分为__________的修补和__________两种。

二、选择题（选择正确的选项填写在横线上）

1. 若需要清洗硅酮类化合物，在擦干后用________砂纸打磨表面。

   A. P500 或 P600　　B. P600 或 P700
   C. P400 或 P500　　D. P500 或 P800

2. ________是指面漆经多年使用，漆膜老化，以及汽车大修后进行的整车翻新。

   A. 点修补　　B. 整车喷涂　　C. 局部部件修补　　D. 局部修补

3. 点修补是指车身某个部位由于小的划伤，需要进行微小的局部喷涂，其划伤面积一般在________ cm^2 之内。

   A. 8　　B. 10　　C. 12　　D. 15

4. 配制清洗液的比例为________。

   A. 1∶80　　B. 1∶90　　C. 1∶100　　D. 1∶120

5. 高压水枪应斜向下冲洗，冲洗车身时间为________ s，时间不宜过长。

   A. 5～8　　B. 3～7　　C. 4～8　　D. 5～7

6. ________最为显眼，不宜采用点修补工艺，通常要进行整板修补涂装。

A. A区　　　　B. B区　　　　C. C区　　　　D. D区

7. ________是看不见的区域，各种修补工艺均适用。

A. A区　　　　B. B区　　　　C. C区　　　　D. D区

8. ________不需要进行底涂层涂装工序。

A. 整车重涂　　　　B. 整板重涂

C. 从底到面局部修补　　　　D. 点修补

9. 填眼灰干燥后，用________砂纸打磨整个表面，然后擦洗干净。

A. P240～P320　　　　B. P360～P500　　　　C. P400～P500　　　　D. P600～P800

10. 涂膜小凹坑的直径在________ cm范围内，一般采用点修补工艺。

A. 1.5　　　　B. 2.5　　　　C. 4　　　　D. 5

三、判断题（对的打“√”，错的打“×”）

1. 全车清洗时，一般先用车辆清洗剂清洗，然后用自来水冲洗，最后用清水冲刷干净。（　）

2. 涂膜损伤范围在10 cm^2以内或小凹坑的直径在2.5 cm范围内，采用点修补工艺。（　）

3. 车身涂膜大面积损伤或多处损伤，在局部修补不能解决问题的情况下，一般采取整车重涂工艺。（　）

4. 铝材表面附着力大，不必进行脱脂、蚀洗、酸洗和粗化处理。（　）

5. D区的视觉效果不太明显，适合各种颜色的局部修补。（　）

6. B区显眼程度次于A区，涂膜损伤范围小于10 cm^2的情况可以采用点修补工艺，其他情况只能采用整板修补工艺。（　）

7. 车身板件没有凹陷，涂膜伤至色漆层，一般采用面漆重涂工艺。（　）

8. 用软海绵蘸上清洗剂擦洗车身，擦洗顺序是车顶→车身前部→车身后部→车身右面→车身左面。（　）

9. 板件凹陷或涂膜伤至车身底材，采用面漆重涂的修补涂装工艺。（　）

10. 硬质塑料表面一般不必喷涂底漆。（　）

四、简答题

1. 简述如何根据涂膜受损面积选择修补工艺。

2. 简述如何根据车身颜色匹配选择修补工艺。

3. 车身涂膜损坏程度评估有哪几种？各种评估方法是什么？

4. 怎样进行车身待修补区域的清洁?

5. 车身修补涂装工艺如何分类?

五、实践与练习

对照下面的实物图片，评估涂膜的损伤程度，并确定其修补涂装工艺。

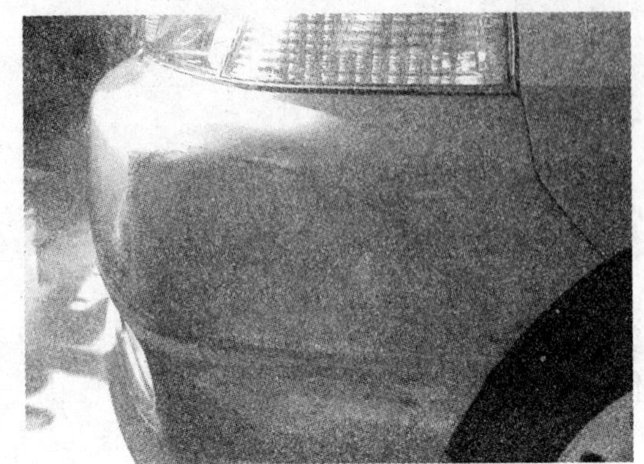

课题 2　车身底材、原涂层的鉴别

一、填空题（将正确答案填写在空白处）

1. 现代汽车涂料大多为树脂涂料，由________、________、________和____________四个部分组成。

2. 树脂可分为____________树脂和____________树脂。

3. 颜料的作用是__________、__________、__________、增强装饰及保护效果。

4. 特殊效果颜料是使涂料具有特殊的装饰效果，常见的有__________、____________、____________等。

5. 溶剂按照作用的不同分为__________、__________和____________三类。

6. 按溶剂构成情况不同，涂料分为__________、__________、__________和粉末涂料。

7. 车身所用的底材主要有__________、__________和____________三种。

8. 鉴别车身涂膜是否经过修补的方法有__________和____________。

9. 已修补过的车身涂层，可以用__________、__________、__________、测量硬度法和电脑检测仪法来鉴别。

10. 根据功能不同，颜料可分为____________、____________及特殊效果颜料等。

二、选择题（选择正确的选项填写在横线上）

1. ________是使涂料具有特殊装饰效果的颜料。

A. 着色颜料　　B. 防腐颜料　　C. 特殊效果颜料　　D. 体质颜料

2. 美国新车涂膜的标准厚度参考值为________ μm。

A. 76～127　　B. 127～203　　C. 76～203　　D. 127～183

3. 钢板表面比较粗糙，未经加工的表面一般呈________色，有些部位会有铁锈存在。

A. 灰黑　　B. 灰　　C. 黑　　D. 土黄

4. 加热处理法是用________砂纸对涂膜表面进行湿打磨，降低涂膜的光泽后用红外线烤灯进行加热。

A. P800～P900　　B. P700～P1000

C. P800～P1000　　D. P900～P1000

5. 利用电脑调色系统可直接获得原车面漆的有关资料，这是车身原涂层涂料类型鉴别方法中的________法。

A. 打磨　　B. 溶剂处理　　C. 加热处理　　D. 电脑检测仪

6. ________是起溶解树脂作用的溶剂。

A. 真溶剂　　B. 助溶剂　　C. 稀释剂　　D. 添加剂

7. 未经加工的________板表面有银色光芒，有些表面有鱼鳞状花纹。

A. 铝合金　　B. 钢　　C. 镀锌　　D. 铜

8. ________对涂料的性能起着决定性的作用。

A. 添加剂　　B. 树脂　　C. 颜料　　D. 溶剂

9. 铝粉在金属漆中属于________颜料。

A. 着色　　B. 体质　　C. 有机　　D. 特殊效果

10. 硝基漆属于________涂料。

A. 双组分型　　B. 氧化聚合型

C. 热固化型　　D. 溶剂挥发型

三、判断题（对的打“√”，错的打“×”）

1. 树脂多数可溶于有机溶剂，而难溶于水或不溶于水。（　　）

2. 体质颜料是指底漆或面漆中提供颜色的部分。（　　）

3. 助溶剂是起溶解树脂作用的溶剂。（　　）

4. 寒冷北方地区使用的汽车，应选用耐盐雾及抗霉菌性良好的涂料。（　　）

5. 选用涂料时应遵循底强上弱的原则，以防产生“咬底”现象，各层涂料之间应有较强的结合力。（　　）

6. 铝合金板的机械强度好、密度小，表面比钢板和镀锌板都要光滑。（　　）

7. 使用中的镀锌板表面没有锈渍，裸露处常显现灰黑色。（　　）

8. 根据在涂膜中所起作用的不同，涂料可分为底漆、衬漆、面漆及原子灰等。（　　）

9. 现代汽车涂料大多使用天然树脂作为涂料的基料。（　　）

10. 颜料是白色或有色固体粉末，不溶于水及有机溶剂。（　　）

四、简答题

1. 简述车用修补涂料选用的一般原则。

2. 车身原涂层涂料类型的鉴别方法有哪些？

3. 简述溶剂的作用及其分类。

4. 什么是汽车涂料？汽车涂料由哪些成分组成？

5. 简述鉴别车身涂膜是否经过修补的方法。

五、实践与练习

已知A、B、C三块样板上分别涂有挥发型涂料、烘烤型涂料和双组分聚丙酯—丙烯酸涂料，请鉴别出A、B、C三块样板上涂层涂料的类型，写出鉴别方法。

课题3　车身表面预处理

一、填空题（将正确答案填写在空白处）

1. 表面预处理具有保证________、增强________、提高__________、改进__________的作用。

2. 车身表面预处理常用工具有______________和______________两种。

3. 手工清除工具主要有铲刀、______、______、________、________和刮铲等。

4. 车身表面预处理常用的材料有__________、__________、________和清洁剂。

5. 车身表面预处理常用砂纸的型号有__________、__________和P60三种。

6. 车身修补涂装常用的防腐剂有________、________、________等。

7. 涂装表面预处理可分为________________、________________和旧涂层表面的预处理三种。

8. 车身金属底材有____________、____________和____________。

9. 常用的除漆方法有____________、____________和____________三种。

10. 除锈水的作用是清除________________，提高表面的__________。

二、选择题（选择正确的选项填写在横线上）

1. 打磨机一般采用双动作圆盘打磨机，配以硬质打磨盘，打磨气压一般为________ kPa。

A. 500～700　　B. 600～700　　C. 500～600　　D. 700～800

2. 羽状边的打磨应该以________的夹角将打磨机托盘轻压在裸金属与旧涂膜的交界处。

A. 5°～10°　　B. 10°～15°　　C. 15°～20°　　D. 8°～12°

3. ________的作用是清除底材表面的锈渍，提高黏附性。

A. 脱漆剂　　B. 防腐膏　　C. 除锈水　　D. 除油剂

4. ________工序处理方法是用一块干净抹布蘸上脱脂除蜡剂，在底材上擦洗，每次擦洗面积为 0.2～0.3 m^2，以有效清除油污和蜡质。

A. 磷化　　B. 脱脂　　C. 钝化　　D. 氧化

5. 磷化底漆和磷化液按照________的比例混合，静置 30 min。

A. 5∶1　　B. 6∶1　　C. 3∶1　　D. 4∶1

6. 磷化底漆混合要静置 30 min，调配好的磷化底漆必须在________ h 之内用完。

A. 10　　B. 12　　C. 15　　D. 8

7. 羽状边的宽度要求大于________ mm，羽状边外边缘距离裸金属边缘应在 70 mm 以上。

A. 50　　B. 10　　C. 40　　D. 20

8. ________不能用于镀锌板上。

A. 脱脂剂　　B. 除锈水　　C. 脱漆剂　　D. 防腐膏

9. ________的表面处理包括脱脂处理、化学处理、退火处理和静电除尘等。

A. 钢板　　B. 镀锌板　　C. 塑料板件　　D. 铝板

10. 将铝合金底材置于碱性溶液内，在高温下处理 5～20 min，使表面生成一层氧化膜的处理属于________处理。

A. 脱脂　　B. 磷化　　C. 钝化　　D. 氧化

三、判断题（对的打“√”，错的打“×”）

1. 工件表面预处理是汽车涂装工艺的第一步，表面预处理质量的好坏将直接影响涂层的质量。（　）

2. 除锈水既能用于裸铁板上，也能用于镀锌板上。（　）

3. 机械清除工具只能以压缩空气作为动力源。（　）

4. 旧涂层表面可能基本完好，只需稍加整理就可重新喷漆；也可能存在裂纹、锈蚀等缺陷，处理起来就比较复杂。（　）

5. 铬酸盐处理就是将含铬的酸性溶液涂在锌材上，处理 1 min 左右，生成一层黄色或橄榄色的无机铬酸盐膜。（　）

6. 裸金属表面常用的预处理方法有除锈、脱脂、化学处理等。（　）

7. 除锈时可以在钢铁底材表面涂抹酸液，使铁锈与酸发生化学反应，溶于酸液中，然后用清水或苏打水清洗表面，除去铁锈和酸液。（　）

8. 氧化处理是将铝合金底材置于含碳酸钠、铬酸盐等碱性溶液内，在高温下处理 5～20 min，使其表面生成一层氧化膜。（　）

9. 可以用偏心距为 3 mm 的双动作打磨机代替单动作打磨机。（　）

10. 若调配好的磷化底漆黏度过大，则可以直接加入磷化液。（　）

四、简答题

1. 板件表面预处理前的准备工作有哪些？

2. 简述表面预处理的作用。

3. 简述如何进行羽状边的打磨。

4. 简述塑料表面预处理的方法。

5. 汽车修补涂装常用的除锈方法有哪些？怎样操作？

五、实践与练习

某汽车在行驶过程中，路边飞石将左前翼子板上的涂膜击伤，可见金属底材。请对图示部位进行底材的预处理，写出底材预处理方案。

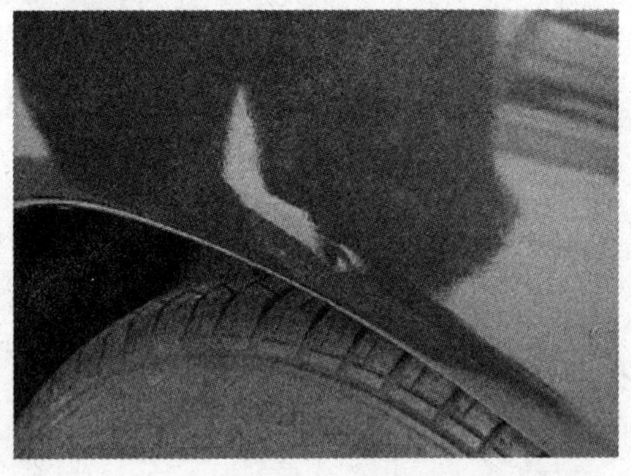

单元四　底涂层涂装

课题 1　底漆的选用与配制

一、填空题（将正确答案填写在空白处）

1. 车身常用底漆根据其用途不同可分为__________和__________。

2. 普通底漆根据使用目的不同可分为________、________、________等。

3. 车身常用底漆有________、________、________、________和________等。

4. 涂料配制的常用器具有________、________、________和________等。

5. 黏度计的工作原理是以____________________来测量涂料黏度。

6. 涂料配制混合比例 4∶1∶1 的表示方法比较通用，第一位数字一般是指__________，第二位数字表示__________，第三位数字表示__________。

7. ________是指涂料的稀稠程度，过高将使表面产生______、______和______等缺陷，过低则会造成____________、____________或____________。

8. __________________是物理隔绝防腐底漆的代表，它具有极强的黏结力、良好的韧性和优良的__________。

9. 带锈底漆有转化型、____________和____________三种。

10. 塑料底漆通常为________组分，开罐即可使用，直接喷涂一薄层，静置 10 min 左右，待稍稍干燥后就能继续喷涂__________或面漆。

二、选择题（选择正确的选项填写在横线上）

1. 涂料杯的外形是________。

A. 锥形　　B. 圆柱形　　C. 长方体　　D. 任意形状

2. 一般涂料配制比例尺上都有________列刻度。

A. 一　　B. 两　　C. 三　　D. 四

3. 底漆和金属漆应选用的涂料过滤网筛目数为________。

A. 80～100 目　　B. 150 目以上　　C. 150～180 目　　D. 180 目以上

4. 清漆应选用的涂料过滤网筛目数为________。

A. 80～100 目　　B. 150 目以上　　C. 150～180 目　　D. 180 目以上

5. 配制涂料时，应使涂料开盖前在调漆机上搅拌________。

A. 5 min 以上　　B. 10 min 以上　　C. 15 min 以上　　D. 任意时间

6. 检查涂料黏度时，两次测试的底漆黏度值之差不能大于平均值的________，否则需要重新测量。

A. 2%　　B. 3%　　C. 4%　　D. 5%

7. 调制好的环氧底漆必须在________ h之内用完。

A. 2　　B. 3　　C. 4　　D. 5

8. 将带锈底漆直接刷涂在带锈的钢铁表面，可逐步使________ μm 以下的铁锈转变为具有保护功能的薄膜，干燥后呈蓝黑色。

A. 30　　B. 60　　C. 80　　D. 100

9. ________是调整涂料黏度的主要仪器。

A. 黏度计　　B. 比例尺　　C. 电子秤　　D. 比色箱

三、判断题（对的打"√"，错的打"×"）

1. 底漆必须具有极好的耐腐蚀性、耐水性和抗化学品性，对金属无腐蚀作用，并能防止金属表面的电化学腐蚀。（　）

2. 底漆可与任意底材表面、中间涂层、面漆搭配。（　）

3. 涂料的配制比例与涂料杯的形状无关。（　）

4. 各大涂料公司的比例尺一般不可混用。（　）

5. 黏度计的测量时间代表涂料黏度，这个时间应等于涂料制造商给定的数值。（　）

6. 混合涂料时，不同混合比例对应同一比例尺。（　）

7. 如果施工环境不能满足涂装要求，应向涂料中加入适量的添加剂。（　）

8. 环境温度不同，配制的涂料黏度也不同。冬季气温低，涂料黏度大，要适当加大稀释比例。（　）

9. 倒入固化剂和稀释剂的顺序无先后，可任意颠倒。（　）

10. 搅拌时不要速度过快，以免涂料中混入空气，影响黏度测试的准确性。（　）

四、简答题

1. 底漆的作用是什么？

2. 底漆的选用应遵循哪些原则？

3. 简述涂料配制的步骤。

4. 环氧底漆有哪些特性？

5. 涂料黏度对喷涂质量有哪些影响？

五、实践与练习

选用下图所示铁质车门板所需要的底漆，并调制成可喷涂的涂料，写出底漆选用和调制方案。

课题 2　喷涂前遮盖

一、填空题（将正确答案填写在空白处）

1. 遮盖用于在________、________或________时保护不需要作业的相邻表面。

2. 遮盖所需要的材料主要有______、______、______、______和______等。

3. 汽车用遮盖纸具有良好的__________、__________和__________，遮盖效果好。

4. 遮盖胶带有______________和______________两种。

5. 缝隙胶带又称聚氨酯胶带，是一种遮盖材料，其作用是__________，防止______进入车身内部。

6. 中涂底漆喷涂时通常使用__________遮盖法，以防产生__________。

7. 为了进行块重涂，翼子板或车门之类的板件必须________遮盖。

8. ____________遮盖的效果好，溶剂很难渗透遮盖纸。

9. 汽车用遮盖胶带必须能抗热和__________，而且其__________应该在剥落以后不会粘在车身表面上。

10. 遮盖边界的选择必须根据______________和______________进行。

二、选择题（选择正确的选项填写在横线上）

1. 普通遮盖胶带的宽度范围为________ mm。

A. 76～900　B. 6～50　C. 50～76　D. 50～900

2. 板件部分重涂，可以将________作为遮盖边界。

A. 板件边缘缝隙　B. 车身密封剂处

C. 板件特征线　D. 以上均可

3. 遮盖翼子板前端，需沿翼子板边缘________粘贴一圈遮盖胶带。

A. 从外向里　B. 从里向外　C. 从左向右　D. 从右向左

4. 为了进行块重涂，翼子板或车门之类的板件必须________遮盖。

A. 多重　B. 反向　C. 双重　D. 单独

5. 在保证喷涂要求的前提下，遮盖面积尽可能________。

A. 小　B. 大　C. 靠后　D. 靠前

6. 遮盖纸有不同的宽度，其宽度范围为________ mm。

A. 76～900　B. 6～50　C. 50～76　D. 50～900

7. 双组分涂料漆雾落到非重涂表面干燥后，只有通过________的方法去除。

A. 擦拭　B. 铲除　C. 抛光　D. 加热

8. ________特别适用于大面积非工作表面的遮盖。

A. 遮盖纸　B. 遮盖胶带　C. 覆盖罩　D. 塑料遮盖膜

9. ________用来分割遮盖胶带，切除遮盖边界胶带不平滑的部分。

A. 美工刀　B. 遮盖纸供应机　C. 刮刀　D. 刮板

10. 中涂底漆喷涂所用的空气压力________面漆喷涂所用的空气压力。

A. 等于　　B. 高于　　C. 低于　　D. 大于

三、判断题（对的打“√”，错的打“×”）

1. 作业前一定要对车身上非施工区域进行有效的遮盖。（　）
2. 汽车用的遮盖胶带必须能抗热和抗溶剂，而且其黏合胶应该在剥落以后不会粘在车身表面上。（　）
3. 在喷涂的工序中，可采用相同的遮盖方法。（　）
4. 中涂底漆喷涂所用的空气压力高于面漆喷涂所用的空气压力。（　）
5. 遮盖中需用手指压遮盖纸拱起的轮廓。（　）
6. 板件表面点修补必须选择板件边缘缝隙作为遮盖边界。（　）
7. 中涂底漆喷涂前的遮盖一般采用反向遮盖的方法。（　）
8. 板件部分重涂，可以将板件特征线作为遮盖边界。（　）
9. 在保证喷涂要求的前提下，遮盖面积尽可能小。（　）
10. 在涂料易于聚积的地方通常采用双层遮盖的方法。（　）

四、简答题

1. 简述喷涂前遮盖的注意事项。

2. 遮盖质量的检查应从哪些方面进行？

3. 什么是反向遮盖法？它的作用是什么？

4. 怎样选择重涂区与非重涂区之间的遮盖边界？

5. 遮盖前应进行哪些表面处理工作？

五、实践与练习

在下图所示的汽车车身上练习发动机盖重涂和前车门重涂时的遮盖技能，总结遮盖操作注意事项和遮盖操作技巧。

课题3　底漆的喷涂

一、填空题（将正确答案填写在空白处）

1. 车身底漆施工一般包括________、________、________、________四个步骤。

2. 底漆一般分______喷涂，每次喷涂都采用______的方法，中间间隔______min。

3. 为了更好地判断打磨的程度，一般使用______________。

4. 可用于指导层的材料有很多，漆膜表面的打磨一般用________做指导层，原子灰的打磨用________做指导层。

5. 喷涂小圆柱和中型圆柱构件时，先从圆柱顶部__________再__________喷涂，分______道垂直行程喷完。

6. 车身构件的喷涂，一般遵照________、________、________喷涂的原则。

7. 喷涂侵蚀底漆或其他黏度较低的隔绝底漆，一般选用____________mm口径的重力式底漆喷枪或者1.5～1.7 mm口径的________式底漆喷枪。

8. 喷涂车门把手时要特别小心，车门把手的________处会存留很多油漆，油漆太多将会产生____________。

9. 汽车顶盖的喷涂顺序是先喷涂一侧的__________，然后____________一侧喷涂。

二、选择题（选择正确的选项填写在横线上）

1. 喷涂黏度高的隔绝底漆，应选用________ mm口径的底漆喷枪。

A. 1.3～1.5　　B. 1.5～1.7　　C. 1.7～1.9　　D. 1.9～2.0

2. 如果在底漆层上直接进行面漆的喷涂，则需要喷涂得厚一些，总的涂膜厚度以不超过________为宜。

A. 10 μm　　B. 50 μm

C. 20 μm　　D. 40 μm

3. 底漆的打磨选用________干磨砂纸，配合打磨机进行打磨。

A. P100～P200　　B. P240～P360　　C. P600　　D. P800

4. 构件边缘一般采用________喷涂。

A. 由上而下　　B. 由下而上　　C. 由右向左　　D. 由左向右

5. 底漆喷涂后，静置________ min使底漆中的溶剂大部分挥发，然后开始升温烘烤。

A. 5～10　　B. 10～15　　C. 15～20　　D. 20～25

6. 保险杠涂装时，先用专用塑料清洁剂清洁表面，然后喷涂________遍塑料底漆。

A. 1～2　　B. 2～3　　C. 3～4　　D. 4～5

7. 喷涂底漆时，将涂料流量调节旋钮拧到底，然后退后________圈。

A. 1　　B. 1.5　　C. 2　　D. 3

8. 大面积喷涂时，最好使用________式喷枪。

A. 重力　　B. 吸力　　C. 上壶　　D. 压送

三、判断题（对的打“√”，错的打“×”）

1. 干燥结束后，待底漆涂膜冷却后去除遮盖。 （ ）
2. 指导层的颜色以反差小一些为好。 （ ）
3. 打磨尽量避免将底漆磨穿，否则需要重新喷涂。 （ ）
4. 喷涂大圆柱体时，先从左向右再从右向左喷涂，按照水平行程依次喷完。 （ ）
5. 在横向排风的喷漆间里，车身离排风扇最远的地方应先喷涂。 （ ）
6. 底漆干燥中，烤漆房升温应迅速。 （ ）
7. 旧涂层经过打磨后，如果没有露出金属底材或露出小部分金属，可以不喷涂底漆。 （ ）
8. 在塑料底漆未干燥时直接喷涂中涂底漆或面漆，其黏附效果会更好。 （ ）
9. 喷涂的底漆不要太厚，只要能完全盖住车身底材，提供足够的附着力即可。 （ ）

四、简答题

1. 简述在横向排风的喷漆间里整车的喷涂顺序。

2. 简述底漆喷涂中喷枪的调整方法。

3. 底漆喷涂前准备包括哪些基本内容？

4. 底漆的打磨有哪些注意事项？

5. 简述汽车后翼子板的喷涂方法。

五、实践与练习

对下图所示的保险杠喷涂塑料底漆，写出塑料底漆喷涂步骤。

单元五　原子灰涂层涂装

课题 1　原子灰的选用

一、填空题（将正确答案填写在空白处）

1. 原子灰由__________、__________、__________和填充材料等组成。

2. 现在较为常用的原子灰树脂有______________和________________等。

3. 体质颜料主要有____________、____________、____________等。

4. 着色颜料以_____、_____两色为主，主要是为了降低原子灰的鲜艳度，提高面漆层的______________。

5. 原子灰的种类很多，车身常用原子灰有_______、_______、_______、_______和_______等。

6. 根据使用的场合不同，原子灰可以采用_________、_________和喷涂。

7. 单组分硝基快干原子灰填补后，容易使上下涂层出现____________。

8. 通常所指的腻子一般是用__________作为黏结剂，以__________等作为填充料，并加入少量的颜料和稀释剂调和而成。

9. 原子灰中的颜料以_______颜料为主要物质，配以少量的_______颜料。

10. 聚酯树脂原子灰多用__________作为固化剂，环氧树脂原子灰多用_________作为固化剂。

二、选择题（选择正确的选项填写在横线上）

1. 下列原子灰中可直接用于镀锌板、不锈钢板、铝板和经磷化处理的裸金属表面的是_______。

A. 普通原子灰　　B. 合金原子灰　　C. 纤维原子灰　　D. 塑料原子灰

2. 可以直接填充直径小于 50 mm 的孔洞而无须钣金修复的原子灰是_______。

A. 普通原子灰　　B. 合金原子灰　　C. 纤维原子灰　　D. 塑料原子灰

3. 主要用于填补极其微小的凹坑、砂眼，提高面漆装饰性的原子灰是_______。

A. 普通原子灰　　B. 塑料原子灰　　C. 纤维原子灰　　D. 幼滑原子灰

4. 旧涂层大面积刮涂，一般选用_______。

A. 普通原子灰　　B. 合金原子灰　　C. 纤维原子灰　　D. 幼滑原子灰

5. 旧涂层小面积刮涂或填补划痕，一般选用_______。

A. 普通原子灰　　B. 合金原子灰　　C. 纤维原子灰　　D. 幼滑原子灰

6. 在裸露的铝制车身板件上刮涂，通常选用_______。

A. 普通原子灰　　B. 合金原子灰　　C. 纤维原子灰　　D. 幼滑原子灰

7. 聚酯树脂原子灰适用于很多底材表面，但不能用于经磷化处理的裸金属表面，经多次刮涂后膜厚可达________ mm以上而不开裂、脱落。

A. 10　　B. 20　　C. 30　　D. 50

8. 原子灰的________以黄、白两色为主，主要是为了降低原子灰的鲜艳度，提高面漆层的遮盖能力。

A. 着色颜料　　B. 体质颜料　　C. 填充颜料　　D. 有机颜料

9. ________填补能力比较差，且不耐溶剂，易被面漆中的溶剂咬起，不能作为大面积刮涂使用。

A. 聚酯原子灰　　B. 塑料原子灰　　C. 幼滑原子灰　　D. 合金原子灰

10. 所选用的原子灰应具有良好的耐溶剂性和________。

A. 耐候性　　B. 耐潮性　　C. 耐热性　　D. 耐酸性

三、判断题（对的打“√”，错的打“×”）

1. 原子灰就是通常所指的腻子。（　）
2. 聚酯树脂原子灰适用于经磷化处理的裸金属表面。（　）
3. 普通原子灰操作方便，填充能力强，适用于大多数底材，但刮涂不宜过厚。（　）
4. 幼滑原子灰能作为大面积刮涂使用。（　）
5. 合金原子灰可以直接刮涂在金属板上。（　）
6. 普通原子灰可直接刮涂在裸露出的小面积金属上。（　）
7. 普通原子灰能在酚醛底漆、醇酸底漆上刮涂。（　）
8. 合金原子灰不适用于经磷化处理的裸金属表面。（　）

四、简答题

1. 原子灰的作用是什么？

2. 选用原子灰的一般原则有哪些？

3. 简述车身修补原子灰的特性。

4. 简述幼滑原子灰的用途和特性。

五、实践与练习

某发动机盖出现锈蚀，如下图所示，经脱漆去锈处理后，表面出现许多孔洞，请选择合适的原子灰，为修补刮涂做准备，并写出选择的理由。

课题 2　原子灰的刮涂

一、填空题（将正确答案填写在空白处）

1. 常用的原子灰刮涂工具有______、______、______、______和______等。

2. 钢片刮板有单块钢片和组合刀板，刮板________________________。

3. ______适用于刮涂形状复杂的表面，尤其是圆角、沟槽等处特别适用。

4. 原子灰刮涂包括________、________、________、________四个步骤。

5. 刮涂前清洁包括__________________和__________________两个步骤。

6. 原子灰混合固化剂后，其活化寿命很短，常温下只有____________min。

7. 原子灰刮涂可以分为原子灰________、________、________和收边四步。

8. 原子灰刮涂的手法主要有________________和________________两种。

9. 刮涂原子灰的方式有__________________和__________________两种。

10. 如果固化剂过多，原子灰涂膜干燥后就会______________；如果固化剂过少，原子灰就难以__________________。

二、选择题（选择正确的选项填写在横线上）

1. 原子灰覆盖的范围一般要超出裸金属边缘________mm。
   A. 5～10　B. 10～20　C. 20～30　D. 30～40

2. 原子灰与固化剂一般是以________的比例混合。
   A. 50∶1～50∶2　B. 50∶2～50∶3
   C. 100∶1～100∶2　D. 100∶2～100∶3

3. 原子灰压涂操作时，刮板成________角站立。
   A. 15°～30°　B. 30°～60°　C. 45°～70°　D. 60°～90°

4. ________适用于刮涂车身翼子板、发动机罩等部位。
   A. 一边倒刮法　B. 一边顺刮法　C. 往返刮法　D. 顺序刮法

5. ________适用于刮涂平面物体。
   A. 一边倒刮法　B. 一边顺刮法　C. 往返刮法　D. 顺序刮法

6. ________的刮涂方式适用于既有平面又有曲面的构件。
   A. 先上后刮　B. 带上带刮　C. 软上硬收　D. 硬上硬收

7. 在使用红外线烤灯加热干燥原子灰时，一定要使原子灰的表面温度控制在________℃以下，以防原子灰分离或龟裂。
   A. 50　B. 70　C. 80　D. 90

8. 原子灰的拌和动作要熟练，拌和必须在________s 内完成。
   A. 30　B. 50　C. 60　D. 80

9. 红外线烤灯的最佳烘烤距离为________cm。
   A. 50～100　B. 80～120　C. 90～130　D. 100～150

10. 原子灰混合固化剂后，其活化寿命很短，常温下只有________ min。

A. 3～5　　B. 5～7　　C. 7～9　　D. 13～15

三、判断题（对的打“√”，错的打“×”）

1. 刮涂不能超出范围，否则会加大不必要的施工面积。（　）

2. 原子灰的拌和动作要熟练，整个拌和时间不能超过 1 min，否则会缩短原子灰的使用寿命。（　）

3. 原子灰刮涂时要注意原子灰中不能混入空气，否则会产生气孔和开裂。（　）

4. 刮涂第一层原子灰只求平整，不求光滑，车身板件较大凹坑的刮涂只求初步平整。（　）

5. 如果刮涂的原子灰层较厚，需要分多层刮涂，每刮一道都要充分干燥，每道原子灰的厚度一般要控制在 0.5 mm 以下，否则容易收缩开裂或干不透。（　）

6. 取出原子灰后，可在桶口刮除粘在搅杆上的原子灰。（　）

7. 添加固化剂时，将固化剂直接挤在原子灰基料上。（　）

8. 原子灰刮涂修饰的时候要来回拖拉收刮。（　）

9. 凹坑的填平一般选用硬质刮具。（　）

10. 刮涂第一层原子灰不只要求平整，还要求光滑。（　）

四、简答题

1. 原子灰刮涂前需要进行哪些准备工作?

2. 简述刮涂局部圆形小凹陷处原子灰的方法。

3. 简述原子灰一边倒的刮涂方法。

4. 怎样用红外线烤灯干燥原子灰？

5. 原子灰刮涂有哪些注意事项？

五、实践与练习

在下图所示的板件轮廓线处练习原子灰的刮涂，总结板件轮廓线处原子灰刮涂的方法。

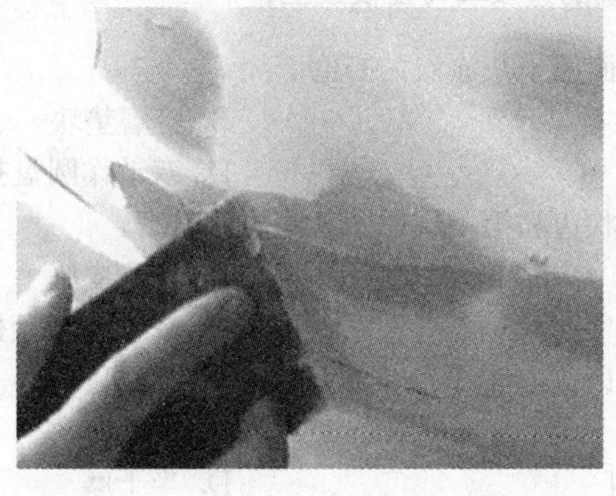

课题3　原子灰涂层的修整

一、填空题（将正确答案填写在空白处）

1. 原子灰涂层的修整是指通过＿＿＿＿＿＿、＿＿＿＿＿＿和＿＿＿＿＿＿等方法恢复车身板件的形状，提高原子灰涂层表面质量的涂装方法。

2. 第一层原子灰涂层的打磨可以分为＿＿＿＿＿＿和＿＿＿＿＿＿两个阶段。

3. 第二层原子灰应稍＿＿＿＿＿一些，刮涂厚度应比第一层＿＿＿＿＿＿，刮涂面积要略＿＿＿＿＿第一层。

4. 原子灰打磨工具有＿＿＿＿＿＿＿＿＿和＿＿＿＿＿＿＿＿＿。

5. 原子灰涂层打磨常用的干磨砂纸型号有＿＿＿＿＿、＿＿＿＿＿、＿＿＿＿＿、＿＿＿＿＿和＿＿＿＿＿五种。

6. 第一层原子灰涂层的打磨要顺着车身＿＿＿＿＿＿方向来回往返打磨，打磨过程中要反复用手触摸，检查表面的＿＿＿＿＿＿＿。

7. 车身大平面选用硬刮具刮平，圆弯处可用＿＿＿＿＿＿＿刮具，刮涂时还是以＿＿＿＿＿＿＿＿＿＿＿为主。

8. 原子灰打磨方向以车身流线水平方向为主，一般不要＿＿＿＿或＿＿＿＿方向打磨。

9. 原子灰涂层表面收光后，原子灰涂层上应无＿＿＿＿＿＿＿＿＿＿＿，原子灰涂层边缘无＿＿＿＿＿＿，外表形状恢复原样，整体表面光滑无缺陷。

10. 用P240或P320干磨砂纸与偏心距为＿＿＿＿＿的双动作圆盘打磨机配合，轻轻打磨原子灰涂层边缘，进一步虚化原子灰涂层的＿＿＿＿＿，确保边缘无接口。

二、选择题（选择正确的选项填写在横线上）

1. ＿＿＿＿＿适用于平面原子灰涂层的打磨。
   A. 手刨　　B. 打磨垫块
   C. 轨道式打磨机　　D. 双动作圆盘打磨机

2. ＿＿＿＿＿适用于羽状边和第一层原子灰涂层的打磨。
   A. 手刨　　B. 打磨垫块
   C. 轨道式打磨机　　D. 双动作圆盘打磨机

3. 原子灰涂层的打磨以＿＿＿＿＿为好。
   A. 水磨　　B. 干磨
   C. 水磨和干磨均可　　D. 半干磨

4. 绿色菜瓜布相当于P320砂纸，红色菜瓜布相当于＿＿＿＿＿砂纸。
   A. P180　　B. P240　　C. P360　　D. P500

5. 打磨机适用于平坦或柔和弯曲部位的磨平，特别是＿＿＿＿＿的打磨。
   A. 大片平面　　B. 小范围　　C. 狭窄处　　D. 曲面

6. 原子灰打磨时，打磨头的工作面应保持与工件表面＿＿＿＿＿。

A. 垂直　　B. 平行　　C. 斜交　　D. 脱离

7. 传统湿磨采用水磨砂纸，________水磨砂纸用于打磨原子灰。

A. P60～P180　　B. P80～P240　　C. P180～P400　　D. P80～P400

8. 原子灰涂层表面收光的作用是填补第________次原子灰表面的细小凹坑和砂眼。

A. 一　　B. 二　　C. 三　　D. 四

9. 第二层原子灰涂层的干燥要彻底，打磨选用________干磨砂纸。

A. P80　　B. P180　　C. P240　　D. P320

10. 一旦原子灰表面出现________现象，就应及时更换砂纸，否则砂粒会划伤打磨表面。

A. 结球　　B. 脱落　　C. 露底　　D. 变色

三、判断题（对的打“√”，错的打“×”）

1. 第一层原子灰涂层的打磨只求平整，不求光滑。（　）
2. 用打磨机打磨时，应用力向下压。（　）
3. 机械打磨时，打磨盘应保持与原子灰表面垂直。（　）
4. 打磨要做圆周运动，否则会在面层上留下明显的磨痕。（　）
5. 初磨原子灰时，打磨范围不要超出原子灰涂层的范围，边缘薄边处最好不要打磨。（　）
6. 修整原子灰涂层边缘的羽状边时，打磨幅度要大，否则会造成局部打磨不平。（　）
7. 第二层原子灰涂层的干燥要彻底，以确保车身板件形状的恢复。（　）
8. 原子灰涂层不能擦涂除油剂，否则会给后面的涂装工作带来麻烦。（　）
9. 手指摸出平顺、光滑的地方就是原子灰涂面的缺陷所在。（　）
10. 手工打磨修整难以彻底清除涂膜表面细小的凹凸不平。（　）

四、简答题

1. 原子灰涂层修整的工艺包括哪些内容？

2. 原子灰涂层表面平整度检查的方法有哪些？

3. 简述第一层原子灰涂层的打磨工序。

4. 简述原子灰手工打磨的方法。

5. 原子灰打磨有哪些注意事项？

五、实践与练习

在下图所示的车身门板上练习原子灰的打磨，总结原子灰打磨的要领。

单元六　中涂底漆涂层涂装

课题 1　中涂底漆的喷涂

一、填空题（将正确答案填写在空白处）

1. ________是指介于底涂层和面涂层之间所用的涂料，也称底漆喷灰，俗称“二道浆”。

2. 车身常用中涂底漆有________________和________________两类。

3. 汽车修补涂装中，中涂底漆应根据________、________和________进行合理的选用。

4. 中涂底漆的施工包括______________、______________、______________三个步骤。

5. 第一遍中涂底漆喷涂的目的是____。

6. 第二遍中涂底漆喷涂的目的是____。

7. 中涂底漆的着色颜料多采用灰色、________和________等易于遮盖的颜色。

8. 车身常用的单组分中涂底漆有________类和________类中涂底漆。

9. 汽车修补涂装中，应根据________________的类型、中涂底漆的类型和________________的情况进行合理的选用。

10. 在 60℃的条件下，________类中涂底漆的干燥时间为 20～30 min，________类中涂底漆的干燥时间也在 20 min 以上。

二、选择题（选择正确的选项填写在横线上）

1. 当旧涂膜是丙烯酸改性硝基漆或合成纤维素丙烯酸硝基漆时，以采用________中涂底漆为宜。

A. 丙烯酸类　　B. 烯酸类　　C. 聚氨酯类　　D. 硝基类

2. 当旧涂膜是烤漆涂料或丙烯酸聚氨酯涂料时，应选用________中涂底漆。

A. 丙烯酸类　　B. 烯酸类　　C. 聚氨酯类　　D. 硝基类

3. 中涂底漆喷涂前打磨的目的是增加打磨表面的附着力，其打磨的面积________原子灰区域。

A. 大于　　B. 小于　　C. 等于　　D. 以上均可

4. 一般情况下，硝基类中涂底漆的混合黏度为________ Pa・s。

A. 13～15　　B. 15～18　　C. 16～20　　D. 18～20

5. 在 60℃的条件下，硝基类中涂底漆烘烤________就能完全干燥。

A. 10～15 min　　B. 15～20 min　　C. 25～30 min　　D. 30 min 以上

6. 中涂底漆含有大量的体质颜料，过滤一般用________目的涂料过滤网。

A. 40　　B. 60　　C. 80　　D. 100

7. 车用中涂底漆的颜料多为体质颜料，具有良好的填充性能，喷涂两道后涂膜的厚度可达________μm。

A. 20～30　　B. 40～50　　C. 50～80　　D. 60～100

8. 中涂底漆喷涂前打磨的面积大于原子灰区域，一般应超出原子灰边缘以外________mm。

A. 60　　B. 80　　C. 100　　D. 120

9. 中涂底漆喷涂前打磨时，不能用打磨机的地方要用________砂纸以手工打磨。

A. P400　　B. P600　　C. P800　　D. P1000

10. 当旧涂膜是丙烯酸改性硝基漆等易溶性涂料时，丙烯酸类中涂底漆的黏度应为________Pa·s。

A. 14～15　　B. 15～17　　C. 17～19　　D. 19～21

三、判断题（对的打“√”，错的打“×”）

1. 可调色中涂底漆的漆基一般都与面漆基本相同，在漆基不同时可加入面漆的色母调色。（　）

2. 通常情况下，若硝基类和丙烯酸类中涂底漆的耐起泡性和层间黏着力好，则覆盖效果差。（　）

3. 中涂底漆混合好后，要对涂料进行过滤。（　）

4. 中涂底漆的喷涂面积应比修补的原子灰面积小。（　）

5. 中涂底漆喷涂后一定要充分干燥才能进行打磨。（　）

6. 一般来说，小面积和涂料黏度较小时的喷涂，喷枪气压都比较小。（　）

7. 中涂底漆强制干燥不能骤然升温，否则会造成涂膜缺陷。（　）

8. 中涂底漆干燥时，如果旧涂膜有起皱现象，加热到60℃左右为宜。（　）

9. 中涂底漆一次不能喷涂得太厚，要分几次薄薄地喷涂。（　）

10. 中涂底漆局部喷涂的气压比较小，局部喷涂中涂底漆只需要遮盖喷涂区域周围的一圈就可以了。（　）

四、简答题

1. 中涂底漆应具有哪些特性？

2. 简述中涂底漆的喷涂方法。

3. 中涂底漆的施涂有哪些注意事项?

4. 简述中涂底漆混合与过滤的方法。

5. 中涂底漆的主要功能是什么?

五、实践与练习

在下图所示的车身后翼子板上练习中涂底漆的喷涂，总结喷涂技巧。

课题2　中涂底漆涂层的修整

一、填空题（将正确答案填写在空白处）

1. 中涂底漆涂层的修整包括__________、__________、__________等内容。

2. 面漆喷涂前打磨的目的是清除待涂表面脏物，制造__________________，提高______________________。

3. 中涂底漆的打磨按照打磨方式分为______________和______________两种。

4. 面漆喷涂前打磨要打磨____________区域，打磨要求是____________。

5. 中涂底漆涂层干燥后，首先应仔细查找涂装表面上有无____________、打磨痕迹及____________。

6. 填补涂面缺陷采用__________刮板或__________刮板，薄薄地刮涂。

7. 打磨中涂底漆涂层一般以________打磨为主，可以采用______和湿磨两种打磨方法。

8. 机械打磨中涂底漆时，通常采用偏心距为________________的双动作圆盘打磨机或____________打磨机。

9. 纯手工打磨效率比较低，适用于__________和______________的部位。

10. 当面漆为素色漆时，采用__________砂纸；当面漆为金属漆时，采用__________砂纸。

二、选择题（选择正确的选项填写在横线上）

1. 对高档轿车中涂底漆的涂装通常喷涂两道，每喷涂一道中涂底漆就要找________次砂眼。

A. 一　　B. 两　　C. 三　　D. 四

2. 当面漆为素色漆时，采用________砂纸。

A. P200～P300　　B. P320～P400　　C. P400～P500　　D. P500～P800

3. 中涂底漆湿磨一般采用________水磨砂纸。

A. P320～P400　　B. P400～P500　　C. P500～P800　　D. P800～P1000

4. 现在大多4S店采用________来填补中涂底漆涂层的缺陷。

A. 合金原子灰　　B. 幼滑原子灰　　C. 纤维原子灰　　D. 塑料原子灰

5. 填补中涂底漆涂层缺陷时，若一次刮涂不够，则间隔________ min 左右再进行刮涂。

A. 1　　B. 3　　C. 5　　D. 9

6. 在60℃的条件下，修补原子灰烘烤________ min 就能完全干燥。

A. 3～5　　B. 5～10　　C. 10～15　　D. 15～20

7. 中涂底漆涂层打磨完成，需要用________水磨砂纸对整个面漆喷涂表面进行打磨。

A. P240～P320　　B. P400～P500　　C. P600～P800　　D. P800～P1000

8. 海绵砂纸的研磨效果相当于________水磨砂纸。

A. P400　　B. P600　　C. P800　　D. P1000

9. 在大平面基本达到要求后，用砂纸或________手工打磨板件的边缘和不易打磨到的部位。

A. 菜瓜布　　B. 油石　　C. 海绵砂纸　　D. 抛光蜡

10. 幼滑原子灰容易使中涂底漆和面漆产生“________”，影响涂装质量。

A. 流挂　　B. 咬底　　C. 开裂　　D. 颗粒

三、判断题（对的打“√”，错的打“×”）

1. 填补涂面缺陷采用橡胶刮板或塑料刮板，薄薄地刮涂，切忌一次刮涂过厚。（　　）

2. 填补涂面缺陷若一次刮涂不够，可连续进行刮涂。（　　）

3. 刮涂修补原子灰时，砂眼部位应快速来回刮涂。（　　）

4. 打磨时要用大的力压在涂膜上。（　　）

5. 打磨时只打磨喷涂了中涂底漆的部位。（　　）

6. 修补原子灰的刮涂一定要薄，一次刮涂达不到要求，可以分几次刮涂。（　　）

7. 碳粉指导层要涂布均匀，擦涂碳粉不能过多。（　　）

8. 原子灰涂层不能磨穿，否则要重喷中涂底漆。（　　）

9. 应使用颜色对比度小的涂料以喷涂的方法做中涂底漆的指导层。（　　）

10. 中涂底漆涂层打磨后，表面要非常光滑，不能有砂痕和小凹坑。（　　）

四、简答题

1. 简述中涂底漆涂层的打磨方法。

2. 简述打磨质量的检查方法。

3. 修补原子灰刮涂和干燥的方法是怎样的?

4. 简述中涂底漆湿打磨的步骤。

5. 怎样进行面漆喷涂前打磨？

五、实践与练习

在下图所示的中涂底漆涂层上练习中涂底漆涂层的修整，总结中涂底漆涂层修整的步骤和方法。

单元七　面涂层涂装

课题 1　面漆喷涂前准备

一、填空题（将正确答案填写在空白处）

1. 面漆喷涂前准备按照作业的先后顺序有喷涂前遮盖、__________、喷涂环境准备、__________和喷涂工具准备等。

2. 喷涂涂料准备具体包括__________、__________、混合涂料的配制与过滤等内容。

3. 面漆按照其装饰性不同分为__________、普通金属漆、__________和罩光清漆。

4. 面漆的选用应保证面漆具有一定的__________、__________和良好的配套性。

5. 面漆用量估计的方法有__________、__________。

6. 涂料过滤网一般有 80 目、______目、150 目、______目、200 目五种规格。

7. 喷涂环境温度包括__________、__________和喷涂涂料的温度等。

8. 面漆喷涂的主要工具是__________，空气喷枪要根据__________和涂料黏度来选择。

9. 颜色的三属性分别是色调、__________和__________，是描述颜色差异和说明颜色变化规律的基本指标。

10. 面漆调色时的主要设备和工具有调漆架、__________、比色卡、电子秤、调漆杯、调漆尺、样板烘箱和__________等。

二、选择题（选择正确的选项填写在横线上）

1. 涂装素色漆后，在涂膜厚度达到________ μm 时即可显现完全的色调。

A. 30　　B. 40　　C. 50　　D. 60

2. 为了充分估计施工中的不确定因素对涂料消耗量的影响，确定涂料消耗量还必须留有一定的余量，一般在估计的基础上再增加________。

A. 10%～20%　　B. 20%～30%　　C. 30%～40%　　D. 40%～50%

3. 大面积喷涂选用________式喷枪，小面积局部修补选用重力式喷枪；黏度大的面漆选用大口径喷枪，黏度小的面漆则选用________喷枪。

A. 吸力、大口径　　B. 吸力、小口径　　C. 重力、大口径　　D. 重力、小口径

4. 任何一种颜色，如果加入________，可以提高混合颜色的明度；反之，加入黑色，可以________混合颜色的明度。

A. 黑色、提高　　B. 黑色、降低　　C. 白色、提高　　D. 白色、降低

5. 进行颜色比较时，视线与光线间应成________的夹角。

A. 25°　　B. 45°　　C. 75°　　D. 90°

6. 通常把________称为物体的三原色，也称为第一色。

A. 红、黄、蓝　　B. 红、橙、黄　　C. 红、紫、蓝　　D. 红、绿、蓝

7. 颜色比对的方法有比较法、点漆法、________和制作色漆样板法。

A. 经验法　　B. 查找代码法　　C. 涂抹法　　D. 色卡比较法

8. 采用________计量色母能够保证色母加入量的准确性。

A. 相对量　　B. 绝对量　　C. 累积量　　D. 添加量

9. 分辨颜色差异时，可以根据色母的特性，在________下进行仔细的分析。

A. 钠灯　　B. D65 光源　　C. 紫外灯　　D. 日光灯

10. 气温低于________℃时，要将喷漆房调整到升温喷涂模式。

A. 5　　B. 10　　C. 15　　D. 20

三、判断题（对的打“√”，错的打“×”）

1. 涂料的最小用量为 0.1 L，太少会给调色带来麻烦。（　）

2. 修补面漆调色的目的是调配出与原车颜色完全一致的面漆。（　）

3. 中涂底漆要用粗细为 200 目的过滤网过滤。（　）

4. 喷漆房的环境温度一般以 20～25℃最为合适。（　）

5. 除尘时，所用的压缩空气压力要略低于喷涂时所用的压力。（　）

6. 对于任何一种颜色来说，加入其他品种的颜色后，其颜色的饱和度都会降低。（　）

7. 比较法是将调漆尺上涂料的颜色与车身颜色直接进行比对，此法操作简便，准确度比较高。（　）

8. 选取色母时，不一定要核对色母的型号、颜色。（　）

9. 喷涂样板的喷涂手法和喷涂参数要与正式喷涂基本一致。（　）

10. 色母的添加要逐次循环添加，不要一次添加过量，否则会导致调色失败。（　）

四、简答题

1. 面漆喷涂前准备包括哪些主要内容？

2. 面漆的选用应遵循哪些原则？

3. 怎样选用面漆喷枪？

4. 什么是视觉比色？怎样进行视觉比色？

5. 简述面漆调色的基本程序。

五、实践与练习

某颜色的标准配方见下表，请调配 100 g 与样板实际颜色相符合的涂料，并做好微调色母品种和用量记录。

标准配方：

序号	色母	累计量（g）	绝对量（g）
1	紫色	249.6	249.6
2	黑色	278.3	28.7
3	蓝色	320.3	42.0
4	绿色	333.5	13.2

课题 2　面漆整体喷涂

一、填空题（将正确答案填写在空白处）

1. 干喷是指选用__________，采用较大的气压、__________和较低的涂料黏度喷涂的方式。

2. 车身面漆喷涂按照修补面积的大小划分为__________和__________，按照修补涂料的不同可分为素色漆喷涂和金属闪光漆喷涂。

3. 素色漆第三次喷涂的主要目的是__________，同时要__________。

4. 素色漆一般喷涂三次就能形成所需要的__________、__________和色调。

5. 金属漆消斑处理是修整第二次喷涂形成的__________和金属斑纹，目的是__________，防止喷涂透明层时引起金属斑纹。

6. 若采用自然干燥方式，应在喷涂后__________min，再揭去胶带纸。

7. 素色漆整体喷涂前要对待涂表面进行__________、除尘、__________、__________，确保待涂表面清洁。

8. 素色漆修整喷涂的主要目的是__________，形成统一的纹理，进一步__________。

9. 金属闪光漆中，__________等成分密度较大，喷涂前要充分搅拌，以防喷涂的__________不一致。

10. 透明清漆整体预喷涂时，涂料黏度应在__________Pa·s 范围内，喷枪工作气压应调整至__________kPa。

二、选择题（选择正确的选项填写在横线上）

1. 雾罩喷涂时，喷涂气压和出漆量必须________，喷涂距离要适当________，喷幅旋钮要调至最大。

A. 调小、减小　　B. 调小、加大　　C. 调大、减小　　D. 调大、加大

2. 一般情况下，带状喷涂的喷幅要调整到________ cm 左右的宽度。

A. 5　　B. 7　　C. 10　　D. 15

3. 着色喷涂时，喷枪的喷涂流量应调整至全行程的________。

A. 1/3～1/2　　B. 1/2～2/3　　C. 2/3～3/4　　D. 3/4～1

4. 喷涂金属闪光漆的涂料黏度一般为________ Pa·s。

A. 14～16　　B. 16～18　　C. 18～20　　D. 20～22

5. 透明清漆在精细喷涂时，其涂料黏度为________ Pa·s。

A. 10～12　　B. 11～13　　C. 13～15　　D. 16～18

6. 面漆喷涂结束后，须静置________ min，使涂膜中的溶剂充分挥发。

A. 3～5　　B. 5～8　　C. 8～10　　D. 10～20

7. 如果喷涂表面有涂料的排斥反应，则________喷涂气压，以________方式盖住喷涂部位。

A. 减小、干喷　　B. 减小、湿喷　　C. 加大、干喷　　D. 加大、湿喷

8. 金属闪光漆整体预喷涂比素色漆整体预喷涂的气压要________，喷涂的速度要________，喷涂表面较干。

A. 低、快　　B. 低、慢　　C. 高、快　　D. 高、慢

9. 金属闪光漆整体着色喷涂时，以________ cm 的喷涂距离、________的喷涂速度对喷涂表面进行喷涂。

A. 25～30、较快　　B. 25～30、较慢　　C. 20～25、较慢　　D. 20～25、较快

10. 金属闪光漆干燥时，应逐渐升温至________℃，保持________ min，然后将烤漆房升温至 60℃，保温 35 min。

A. 30、10　　B. 40、10　　C. 50、15　　D. 60、15

三、判断题（对的打“√”，错的打“×”）

1. 获得湿喷效果的操作方法与干喷操作方法相反。（　）

2. 雾罩喷涂俗称飞雾法喷涂，一般用于素色面漆作业。（　）

3. 预喷涂的主要目的是增加涂层的厚度。（　）

4. 素色漆着色喷涂要尽可能喷得厚一些，但喷涂厚度要以不产生流挂为标准。（　）

5. 浅色金属漆消斑处理时，清漆比例要少一些，色漆比例要多一些。（　）

6. 金属漆第二次喷涂决定涂膜颜色，喷涂时不必在意出现的喷涂斑纹和金属斑纹。（　）

7. 一般情况下，面漆干燥需在 70℃的条件下，静置 40 min 左右。（　）

8. 素色漆预喷涂的涂料闪干后，要将喷涂流量调节旋钮调整至全程开度的 1/2～2/3，才能进行着色喷涂。（　）

9. 面漆涂膜的干燥不能急剧升温至60℃，否则会使涂膜产生缺陷。（　　）

10. 金属闪光漆若达不到合适的涂膜厚度，无须闪干，就可以直接再喷涂一层。（　　）

四、简答题

1. 什么是干喷？怎样才能获得干喷效果？

2. 预喷涂的目的是什么？

3. 简述金属闪光漆过渡层喷涂的目的和喷涂参数。

4. 金属闪光漆整体喷涂的步骤是怎样的？

5. 怎样进行素色面漆的强制干燥？

五、实践与练习

对照下图所示发动机罩，练习面漆喷涂的操作技能，总结面漆整体喷涂的方法和技巧。

课题3　面漆局部修补喷涂

一、填空题（将正确答案填写在空白处）

1. 局部修补喷涂的关键是解决喷涂区域与非喷涂区域之间______________，使之与周围部位的颜色一致，_____________________相同。

2. 一般情况下，__________喷涂距离、增加喷涂量、__________涂料的稀释比例都会产生较湿的涂层和较光滑的涂膜纹理。

3. 由于__________的不同，使________________扩散到磁漆底部的状态不一致是产生斑痕的主要原因。

4. 金属漆修补的边缘较薄，相当于_______，其侧面__________。

5. 为了防止接口部位“黑圈”的出现，经常采用“__________”。

6. 在整车上进行晕色处理，一般选择有______________或车身形体过渡到____________的地方结束。

7. 金属漆消斑处理时应使涂料呈雾状，薄薄地喷涂，以__________，调整金属质感，同时兼有____________作用。

8. 喷涂的过渡层要沿喷枪摆动的方向__________，整体渐变__________。

9. 喷涂底清漆时，要在____________边缘的过渡区域，以_______的喷涂速度适中地喷涂。

10. 精细喷涂清漆时，环保型喷枪的喷涂距离应为__________，喷涂速度应______，在大于清漆预喷涂的范围内厚喷。

二、选择题（选择正确的选项填写在横线上）

1. 喷涂速度越快，素色漆涂膜出现的凸纹高度_______，凸纹数目_______。

A. 越低、越少　　B. 越低、越多　　C. 越高、越少　　D. 越高、越多

2. 消斑处理采用_______喷的喷涂方法，涂层不宜涂得过_______，否则会使消斑部位颜色发生变化。

A. 湿、薄　　B. 干、厚　　C. 干、薄　　D. 湿、厚

3. 喷涂表面的光泽为着色喷涂结束时光泽的_______。

A. 10%～30%　　B. 30%～50%　　C. 50%～70%　　D. 70%～90%

4. 由于_______涂层的铝粉排列不规则，使正面看起来比较_______。

A. 湿、暗　　B. 湿、亮　　C. 干、暗　　D. 干、亮

5. 颜色层晕色是在喷涂颜色层的涂料中加入_______的稀释剂或驳口水，以 125 kPa 的气压喷涂。

A. 20%～30%　　B. 40%～50%　　C. 50%～60%　　D. 60%～80%

6. 面漆为素色漆时，中涂底漆层最后的打磨一般使用_______干磨砂纸。

A. P240　　B. P400　　C. P500　　D. P600

7. 使用传统型喷枪进行修补作业时，其喷涂气压一般为_______ kPa。

A. 96～192　　B. 245～294　　C. 294～392　　D. 392～490

8. 使用环保型重力式喷枪进行修补作业时，其喷涂距离一般为_______ cm。

A. 10　　B. 13　　C. 17　　D. 25

9. 素色漆预喷涂时，将环保型重力式喷枪的工作气压调整到 147～196 kPa，喷涂流量调为_______，喷幅宽度调为_______。

A. 1/2、3/4　　B. 2/3、3/4　　C. 1/2、1/4　　D. 1/2、2/3

10. 金属漆修补边缘晕色处理涂料的稀释比例一般为_______。

A. 1∶2　　B. 1∶3　　C. 1∶4　　D. 1∶5

三、判断题（对的打“√”，错的打“×”）

1. 涂料黏度越高，素色漆涂膜表面产生的凸纹数就越多。（ ）

2. 增大涂料的稀释比例使涂膜纹理变化不明显，对慢干清漆纹理的调整不起作用。（ ）

3. 消斑处理的关键是掌握喷涂的手法。（ ）

4. 原厂金属漆因为干燥速度慢，类似于湿涂层，侧面颜色比较浅。（ ）

5. 通常情况下，颜色调得越准确，所需逐渐变化的区域就越大。（ ）

6. 小面积局部修补喷涂，一般不要扩大到邻近的板材上。（ ）

7. 晕色处理后一定要强制干燥，一般在 60℃的条件下，干燥 30 min 即可。（ ）

8. 晕色处理一般只需喷涂一遍，以使修补边缘薄层融于旧涂层。（ ）

9. 环保型喷枪的喷涂参数与传统型喷枪差异很大，喷涂效果相对较好。（ ）

10. 一般情况下，素色漆局部修补的喷涂距离要比金属漆大。（ ）

四、简答题

1. 什么是挑枪法？

2. 什么是晕色处理？

3. 怎样进行清漆涂层边缘的晕色处理？

4. 怎样做好素色漆局部修补喷涂前的准备工作？

5. 金属闪光漆局部修补时，其着色喷涂的具体方法是怎样的？

五、实践与练习

在下图所示纸板的边角上画出同心圆，练习修补边缘的晕色技术，总结面漆局部修补技巧。

课题4　漆面修理与抛光

一、填空题（将正确答案填写在空白处）

1. 涂膜修整的主要内容包括________________和________________。

2. 修理涂膜缺陷常见的材料有____________、磨石、麂皮、__________和上光蜡等。

3. 涂膜修整常用的机械工具主要有____________及其附件____________。

4. 打磨流挂一般使用__________水磨砂纸配合__________打磨垫块来进行。

5. 用抛光机进行局部抛光时，首先将____________涂抹于修理区域，选用小型海绵抛光轮以________的转速对修理区域进行研磨抛光。

6. 根据涂膜表面情况不同，抛光分为____________和______________两种。

7. 如果涂膜处于半干状态，抛光时就会出现________、________等现象。

8. 漆面打蜡按照作业方式不同分为____________和____________两种。

9. 汽车打蜡的主要目的是保持____________________，保护__________。

10. 打蜡时，手工海绵及打蜡机海绵运行应______________，不宜环形涂抹，防止由于涂层不均造成强烈的______________。

二、选择题（选择正确的选项填写在横线上）

1. ________能使涂膜最终达到反光和提高鲜映性的效果。

A. 粗蜡　B. 中粗蜡　C. 细蜡　D. 上光蜡

2. 粗蜡适用于对经过________水磨砂纸打磨的部位进行更加细致的研磨。

A. P600～P800　B. P1000～P2000　C. P2000～P2500　D. P2500～P3000

3. 抛光垫按照其材料不同，有毛巾式、________和海绵式三种。

A. 毛绒式　B. 螺母式　C. 吸盘式　D. 螺栓式

4. ________抛光垫一般与中、粗颗粒的抛光剂配套使用。

A. 海绵式　B. 毛绒式　C. 吸盘式　D. 毛巾式

5. 细蜡抛光的面积要大于修理区域的________倍。

A. 1～2　B. 2～3　C. 3～4　D. 3～5

6. 涂膜干燥程度为________时是抛光处理的最好时机。

A. 90％　B. 60％　C. 40％　D. 20％

7. ________涂膜的晕色部位，在抛光前一定要用红外线烤灯加热，以确保涂膜完全干燥和固化。

A. 硝基漆　B. 丙烯酸聚氨酯漆

C. 氨基树脂漆　D. 环氧树脂漆

8. 手工上蜡是将适量的车蜡涂在专用打蜡海绵上，每次按________ m^2 的面积往复直线均匀涂抹。

A. 0.3　B. 0.5　C. 0.7　D. 0.9

9. 上蜡时，每道涂抹应与上道涂抹区域有________的重合度，防止漏涂及保证涂抹均匀。

A. 1/5～1/4　　B. 1/4～1/3　　C. 1/3～1/2　　D. 1/2～2/3

10. 用粗蜡抛光时，抛光机的转速应调到________ r/min。

A. 1 000　　B. 1 500　　C. 2 000　　D. 3 000

三、判断题（对的打“√”，错的打“×”）

1. 在对良好的失光旧漆层进行抛光美容时使用上光蜡。（　）
2. 抛光机按照其驱动形式分，有电动抛光机和气动抛光机两种。（　）
3. 海绵式抛光垫的研磨效率最高，常用于粗抛光。（　）
4. 小范围修补区域一般采用手工抛光，也可采用机械抛光来提高效率。（　）
5. 填补涂膜凹陷最好在涂膜干透后进行。（　）
6. 处理车身晕色区域时，应使用较细的研磨膏。（　）
7. 晕色区抛光的方向只能从重涂区域向非重涂区域运行，不能反向抛光。（　）
8. 上蜡完成后马上就可以抛光。（　）
9. 上蜡时应遵循先下后上的原则。（　）
10. 车表温度高会使车蜡附着力下降，影响打蜡效果。（　）

四、简答题

1. 怎样进行手工抛光？

2. 漆面抛光的目的是什么？

3. 简述涂膜纹理调整抛光的步骤。

4. 怎样进行机械打蜡?

5. 简述汽车打蜡作业的注意事项。

五、实践与练习

修复下图所示的涂膜缺陷，写出修复方法和步骤。

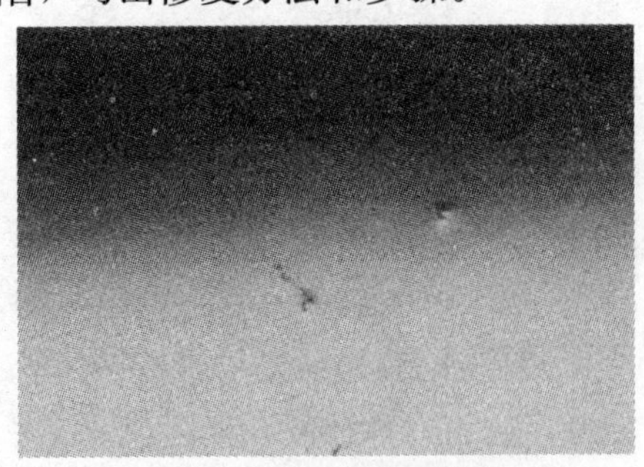

单元八 特殊涂装和新型涂装

课题 1 塑料件涂装与特殊涂装

一、填空题（将正确答案填写在空白处）

1. 塑料由合成树脂、填料和________组成，其中________是塑料的主要成分。

2. 汽车挡泥板是由________塑料制作而成。

3. 按照质地软硬程度，一般将汽车塑料制品分为______塑料和______塑料两种。

4. 聚烯烃类塑料燃烧时的火焰没有________，有________。

5. 塑料表面清洁剂的作用是清除塑料件表面的__________，增强表面的________。

6. 对于汽车外部零部件所选用的涂料，最突出的要求是________、较好的耐介质性和________。

7. 在软质塑料部件上刮涂原子灰时，用______干磨砂纸打磨需要修补的区域，然后刮涂______原子灰。

8. 底盘装甲涂料有________、黏涂剂（黑）UC、黏涂剂（白）UC 和________四种类型。

9. 抗砂石撞击涂料有________和__________两种。

10. 抗划痕涂料涂装完成后，要保证充分的________、初步干燥和________。

二、选择题（选择正确的选项填写在横线上）

1. 汽车后视镜的外壳是由______塑料制作而成的。

   A. PVC　　B. ABS　　C. PP　　D. PU

2. ______塑料受热后容易熔化，燃烧时的火焰呈绿色或青色，有盐酸味。

   A. ABS　　B. 聚烯烃类　　C. 聚酯酸纤维素　　D. PVC

3. ______塑料用砂纸打磨后没有粉末，易被划伤。

   A. PVC　　B. ABS　　C. PP　　D. PU

4. ______的主要作用是消除汽车内部塑料件表面部分光泽，使其处于半光泽或完全无光泽状态。

   A. 塑料表面清洁剂　　B. 塑料平光剂

   C. PVC 表面调整剂　　D. 塑料件用涂料

5. 在软质塑料件上喷涂中涂底漆时，应优先选择______型稀释剂，且每道喷涂要薄一些，不要过湿。

A. 慢干　　B. 高温　　C. 快干　　D. 标准

6. 硬质塑料板件是新板材时，要用专用的脱模剂清洗液进行清洗或用软布蘸上________进行全面擦拭，以去除脱模剂成分。

A. 酒精　　B. 除油剂　　C. 稀释剂　　D. 溶剂

7. 为获得良好的防崩裂性能，车底喷涂的膜厚应在________mm 以上。

A. 0.9　　B. 0.7　　C. 0.5　　D. 0.3

8. 一般来说，抗砂石撞击涂层的厚度应为________μm。

A. 10～20　　B. 30～40　　C. 50～60　　D. 60～80

9. 新车底板或轮罩内表面的防撞涂料是乙烯塑料丁酯，乙烯塑料丁酯必须在________下才能干燥。

A. 常温　　B. 50～60℃的温度

C. 120～130℃的温度　　D. 140～150℃的温度

10. 软质塑料件使用的面漆通常也需要加入________。

A. 柔软剂　　B. 表面清洁剂　　C. 防沉淀剂　　D. 催化剂

三、判断题（对的打“√”，错的打“×”）

1. 车门嵌条是由硬质塑料制作而成的。（　）
2. 用手敲击塑料制品内侧，PP 塑料声音较弱，PU 塑料声音较大。（　）
3. 软质塑料件中的聚丙烯塑料是一种难粘、难涂的材料，要使用专用底漆来增强它的附着力。（　）
4. 配制的塑料底漆是由普通底漆加柔软剂调配而成的。（　）
5. 硬质塑料部件通常都与普通涂装材料有较好的附着力，可不用塑料底漆进行处理。（　）
6. 要想获得皮纹效果，应采用高气压和干喷的方法喷涂。（　）
7. 新车内板件在修补涂装时必须喷涂中涂底漆。（　）
8. 划痕与涂层颜色有直接的关系，颜色越深，划痕越明显。（　）
9. 抗划痕涂料的涂层硬度与普通涂层硬度一样。（　）
10. 车底焊接和板件相交的部位是底盘装甲的重点部位。（　）

四、简答题

1. 怎样进行汽车软质塑料部件表面的预处理？

2. 用燃烧法怎样鉴别塑料件材质的类型？

3. 怎样选用汽车塑料件涂料？

4. 简述底盘装甲的涂装工艺。

5. 简述抗划痕涂料涂装的注意事项。

五、实践与练习

对照下图所示的车门槛板，练习“抗石击”涂装，写出实际操作步骤。

课题2　干磨工艺流程

一、填空题（将正确答案填写在空白处）

1. 无尘干磨在很大程度上提高了打磨速度，降低了____________，缩短了修补时间，从而显著地提高了____________。

2. 干磨工艺所需要的打磨设备有干磨工具车、____________、单动作打磨机、双动作打磨机、____________、吸尘软管、打磨机保护垫等。

3. 干磨工艺所需要的打磨材料有____________、机磨砂纸、________和研磨膏等。

4. 中涂底漆涂层打磨单工序用________砂纸，双工序用________砂纸。

5. 菜瓜布是一种三维打磨材料，常见的菜瓜布有_____、_____、_____三种。

6. 打磨后，指示剂留在表面坑洼或__________________的地方，以达到检查表面________的作用。

7. 原子灰羽状边打磨所需要的工具和材料有________________、无尘干磨系统和干磨圆盘砂纸。

8. 由于传统的填眼灰容易使面漆出现________，所以使用________原子灰代替传统的填眼灰。

9. 颜色调配尽可能与________颜色接近，在可能的情况下要采用______调色。

10. 面漆喷涂重点强调其装饰性能，因此面漆涂膜的__________、丰满度和________等都要达到要求。

二、选择题（选择正确的选项填写在横线上）

1. 无尘干磨在打磨速度上比手工水磨快________倍。

A. 1～2　B. 2～3　C. 3～4　D. 4～5

2. 手工打磨时，原子灰的打磨一般使用________手刨砂纸。

A. P40～P80　B. P40～P180　C. P180～P240　D. P240～P360

3. 面漆喷涂后清除细小尘点用________干磨砂纸。

A. P120～P240　B. P240～P400

C. P500～P1000　D. P1500～P4000

4. 粗研磨膏的细度相当于________干磨砂纸。

A. P1000～P1500　B. P800～P1000　C. P600～P800　D. P400～P600

5. 汽车修补涂装常用________作为研磨指示剂。

A. 油漆　B. 原子灰　C. 碳粉　D. 石墨

6. 羽状边边缘距离裸金属凹陷处至少________ cm，羽状边的宽度至少为 10 mm。

A. 1～2　B. 3～4　C. 5～6　D. 7～8

7. 打磨旧涂膜破损边缘羽状边，用偏心距为 5 mm 的双动作打磨机配合________干磨砂纸。

A. P60　B. P80　C. P120　D. P180

8. 中涂前原子灰涂层周围旧涂层的打磨范围是距离原子灰羽状边以外________ cm。

A. 5　B. 10　C. 15　D. 20

9. 面漆喷涂前打磨时，难以打磨的部位使用________海绵砂纸打磨。

A. P400～P500　B. P500～P1000

C. P1000～P1500　D. P1500～P2000

10. 手刨打磨的目的是把中涂底漆层打磨平整，每次转换打磨砂纸型号均应使用________。

A. 指示涂层　B. 底漆涂层　C. 面漆涂层　D. 中间涂层

三、判断题（对的打“√”，错的打“×”）

1. 使用无尘干磨系统打磨完全没有灰尘产生。（　　）
2. 汽车修补涂装作业用的红色菜瓜布相当于 P360 干磨砂纸。（　　）
3. 水磨会引起底材生锈，原子灰、中涂底漆需要多次干燥。（　　）
4. 一般情况下，小面积除旧漆使用单动作打磨机，大面积除旧漆使用双动作打磨机。（　　）
5. 用红外线烤灯加热 10～15 min 才能使原子灰涂层完全固化。（　　）
6. 原子灰刮涂的范围应在羽状边范围内。（　　）
7. 填补针眼用的原子灰要调得比较稠，刮涂厚度要薄。（　　）
8. 除油时，一定不要将除油剂擦到原子灰涂层上。（　　）
9. 为了确保涂层质量，现代涂装修补经常采用单组分中涂底漆。（　　）
10. 干燥时不能升温过急，否则会使涂膜起泡。（　　）

四、简答题

1. 与传统的手工水磨相比，无尘干磨有哪些优点？

2. 干磨工艺所需要的工具和设备有哪些？

3. 怎样选择机械干磨用砂纸？

4. 简述干磨工艺的具体流程。

5. 面漆喷涂前打磨的步骤是怎样的？

五、实践与练习

对照下图所示的车身右后翼子板，练习干磨工艺流程，写出实际操作步骤。

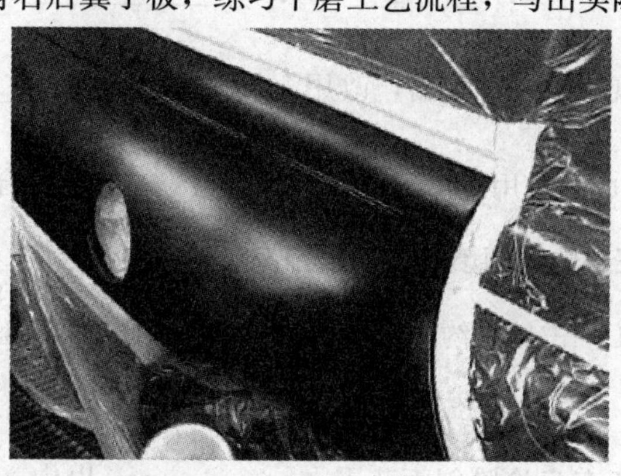

课题3　快速修补工艺

一、填空题（将正确答案填写在空白处）

1. 快速修补工艺是指通过专业的______________、专用的施工工位，对符合______________标准的车辆专门进行的汽车涂装修补工艺。

2. 快速修补按照车身涂膜的具体情况分为________和________两种。

3. 特快修补适用于涂膜创面范围在________ cm^2 以内，没有凹陷，不需要刮涂原子灰的________。

4. 快速修补工艺是在________工艺的基础上，将________工艺与巧修补工艺科学结合起来的修补工艺。

5. 汽车涂装修补工期包括________时间、________时间和施工过程中浪费的时间。

6. 快速修补的主要工具和设备有________烤灯、UV 紫外线固化烤灯、无尘干磨设备和________等。

7. 快速修补工艺融合了先进的涂装工艺，其中包含________技术、红外线干燥和________固化技术、新型涂料的施工技术、修补过渡技术等。

8. 用于快速修补的清漆一般为________清漆或________清漆，使用的驳口溶剂也要与之配套。

9. 修补过渡区域出现________后，改用海绵抛光垫配合________，进行大面积的机械抛光。

10. 快速修补作业完成后，用________、机磨与________配合进行抛光。

二、选择题（选择正确的选项填写在横线上）

1. 一个专用的施工工位占地大约________ m^2，配备干磨机、遮盖纸供应机、红外线烤灯等专业设备。

A. 30　　B. 50　　C. 70　　D. 90

2. 普通快修补适用于车身涂膜创面范围在________ cm^2 以内，凹陷深度小于 2.5 mm，凹陷范围的直径在________ cm 以内的轻度损伤。

A. 20、5　　B. 10、5　　C. 20、2.5　　D. 10、2.5

3. ________时间为原子灰、底漆和面漆的干燥时间。

A. 固定工作　　B. 操作不确定

C. 施工过程中浪费的　　D. 等待

4. 快速修补所使用的耗材有高强度________、无尘干磨砂纸、水性研磨膏和全能抛光蜡等。

A. 稀释剂　　B. 添加剂　　C. 清洁剂　　D. 固化剂

5. 特快修补适用于车身涂膜创面范围在________ cm^2 以内，没有凹陷，不需要刮涂原子灰的轻微损伤。

A. 25　　B. 20　　C. 15　　D. 10

6. UV 速干中涂底漆用紫外线烤灯干燥通常只需________ min。

A. 3　　B. 4　　C. 5　　D. 6

7. 快速修补一般选用口径为________ mm 的萨塔面漆修补喷枪，采用 98～147 kPa 的喷涂气压。

A. 0.8～1.0　　B. 1.0～1.2　　C. 1.2～1.4　　D. 1.5～1.7

8. 普通快修补干燥时间一般为________ min。

A. 5　　B. 10　　C. 15　　D. 25

9. 进行特快修补时，涂底漆的施工一般采用________喷涂。

A. 传统喷枪　　B. 环保喷枪　　C. 面漆喷枪　　D. 气雾罐

10. 与传统修补施工时间相比，特快修补施工时间节省了________。

A. 30%　　B. 45%　　C. 60%　　D. 75%

三、判断题（对的打"√"，错的打"×"）

1. 快速修补时，不需要拆卸任何部件，不需要刮原子灰。（　）
2. 车身A区由于位置太显眼，不宜进行快速修补。（　）
3. 特快修补多用于车身B区，C区要视情况而定。（　）
4. 车辆移动等候所需要的时间为施工过程中浪费的时间。（　）
5. 快速修补时，打磨羽状边不要求太宽，一般为10 mm左右就可以了。（　）
6. 快速修补时，原子灰刮涂要薄，只要填平小凹陷就可以了，原子灰表面不要求光滑。（　）
7. 特快修补时，如果缺陷处于板件中央部位，可以省略遮盖。（　）
8. 采用自喷罐快干中涂底漆或UV速干中涂底漆，可以节省大量的施工固定时间。（　）
9. 过渡区域的抛光只能从非重涂区向重涂区抛光，不能反向抛光。（　）
10. 普通快修补时，涂底漆的干燥时间一般为20～25 min。（　）

四、简答题

1. 什么是快速修补工艺？

2. 适合普通快修补工艺的基本条件是什么？

3. 为什么说快速修补工艺是先进的汽车涂装工艺？

4. 特快修补工艺有哪些特点？

5. 简述快速修补工艺的工序步骤。

五、实践与练习

针对下图所示的涂膜缺陷，练习特快修补工艺流程，总结特快修补技巧。

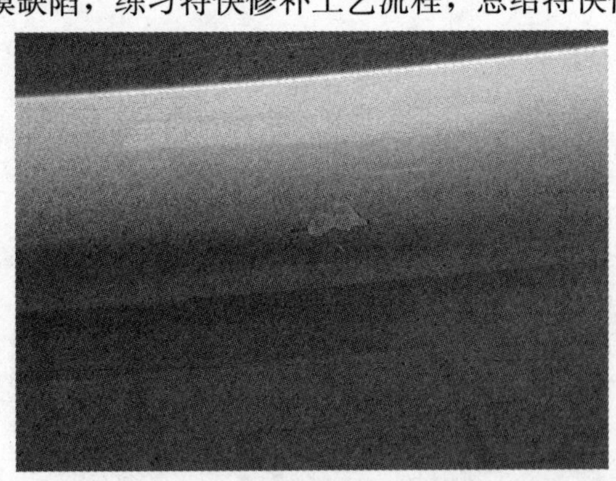

课题4　汽车水性漆涂装

一、填空题（将正确答案填写在空白处）

1. ______是挥发性有机化合物的英文缩写，所有__________均可被视作VOC。

2. 汽车水性漆是以__________作为油漆的主要溶解物和稀释剂，以有效减少油漆中挥发性____________。

3. 汽车水性漆以水作为溶剂或者作为分散介质，按照树脂在水中分散的形态可以分为__________漆、水稀释型漆和__________漆三种。

4. 水的__________，涂料喷涂后，在施工过程中要加入______工艺。

5. 优质水性漆的颜色________、遮盖力______，能有效地节省修补时间。

6. 水性漆速干系统由__________、气流转换开关、热电偶和______组成。

7. 用于中、小型面积修补的吹风枪有________吹风枪和______吹风枪两种。

8. 喷枪快速清洗机是一款提高喷涂工作效率的新产品，适用于______和溶剂型漆喷枪的清洗。

9. 我国的水性漆涂装还处在推广阶段，为了确保水性漆的涂装质量，大多采用______________加______________________工艺。

10. 大面积除旧漆选用________打磨机，小范围除旧漆选用偏心距为________的双动作打磨机。

二、选择题（选择正确的选项填写在横线上）

1. 早在1995年德国大气净化法就规定，车身被涂面积的VOC排放量应小于________ g/m^2。

A. 25　　B. 35　　C. 65　　D. 105

2. 水性中涂底漆主要有聚酯漆和聚氨酯漆，其施工固体分较高，一般为________。

A. 10%～20%　　B. 30%～40%　　C. 50%～60%　　D. 70%～80%

3. 水性漆的介电常数大、________性好，当采用静电喷涂时，水性漆有特殊要求。

A. 导电　　B. 导热　　C. 导流　　D. 湿润

4. 优质水性漆涂装排放的VOC较溶剂型漆降低了________，符合当今及未来的法律法规要求。

A. 83.5%　　B. 73.5%　　C. 53.5%　　D. 43.5%

5. 水性漆储存温度应控制在________℃之间，一般存放在专用温控柜中。

A. 0～5　　B. 5～15　　C. 15～25　　D. 5～30

6. 水性漆树脂一般能储存1年，加入稀释剂后的混合涂料最长能保存________个月。

A. 1　　B. 3　　C. 6　　D. 9

7. ________安装在喷漆房外空气过滤单元的出口和环保水性漆速干系统控制板之间的空气管路上。

A. 气流转换开关　　B. 顶棚系统　　C. 热电偶　　D. 电控箱

8. 通过水性漆速干系统的精确控制，喷漆房内的喷涂环境能够保证 RH ________%的最佳相对湿度。

A. (35±5)　　B. (55±5)　　C. (65±5)　　D. (75±5)

9. 干燥水性漆时，将吹风枪置于距离喷涂表面________cm 处。

A. 10～30　　B. 30～50　　C. 60～80　　D. 90～120

10. 常见的水性漆保温柜具有________℃的温控功能。

A. 0～20　　B. 10～20　　C. 0～30　　D. 10～30

三、判断题（对的打"√"，错的打"×"）

1. 我国在 2009 年 9 月 30 日发布了强制性国家标准《汽车涂料中有害物质限量》(GB 24409—2009)，并于 2010 年 6 月 1 日起实施。　（　）

2. 水性中涂底漆的抗石击性能比传统溶剂型中涂底漆差。　（　）

3. 水稀释型漆是以溶液为成膜物配制的漆。　（　）

4. 与溶剂型漆相比，水性漆在施工性能上要比溶剂型漆差。　（　）

5. 所有接触水性漆的设备须为铁质制品。　（　）

6. 干燥水性漆时，吹风枪与涂膜表面应成 45°角。　（　）

7. 站立式吹风枪特别适合水性漆大面积修补时的干燥。　（　）

8. 传统型喷枪和环保型喷枪均可以喷涂水性漆。　（　）

9. 水性漆保温柜最高设定温度为 30℃。　（　）

10. 水性漆修补涂装，其底漆一般选用溶剂型超快干无铬环氧底漆。　（　）

四、简答题

1. 优质汽车水性漆有哪些特点？

2. 水性漆喷涂的最佳喷涂环境包括哪些内容？

3. 怎样使用吹风枪干燥水性漆？

4. 简述水性漆修补的工序步骤。

5. 怎样进行水性漆的遮盖喷涂？

五、实践与练习

在下图所示的后翼子板上练习水性漆喷涂，比较水性漆喷涂与油性漆喷涂之间的差异。

单元九　涂膜缺陷分析与防治

课题1　涂膜弊病与缺陷防治

一、填空题（将正确答案填写在空白处）

1. 涂膜缺陷是在________________或涂装后不久产生的，它一般与被涂物的状态、选用的涂料、涂装方法、________________、涂装环境等因素有关。

2. 产生涂膜缺陷的原因可以从涂料因素、________________、涂装方法、外部环境和________________等几个方面进行分析。

3. 根据流痕的形状，流挂可分为__________和__________等。

4. 咬底是指喷涂第一道面漆于底层表面时，因底层________________而引起的起皱、____________、起泡等现象。

5. 颗粒又称为灰尘、________等，是指涂料中混入了____________，使涂膜表面出现粗糙不平的现象。

6. 沾污缺陷不太严重时，先用__________溶液冲洗，再打磨、________，使涂膜表面恢复光泽。

7. 渗色是指面层涂料中的溶剂使底层____________，使底层的颜色渗透到面层，导致面层____________的现象。

8. 银粉泛色是指银粉漆表面的________出现于罩光层中，引起________的现象。

9. 遮盖力差是指__________的厚度不够，透过________可以看见下层表面颜色的现象。

10. 干喷是指涂料以____________的形式落在车身表面上，形成________或纤维状粗糙涂膜表面的现象。

二、选择题（选择正确的选项填写在横线上）

1. 素色面漆常见的缺陷有橘皮、________、气泡等。

　　A. 银粉泛色　　　　B. 银粉起花

　　C. 金属底漆粗糙　　D. 流挂

2. 因底漆、中涂底漆、面漆、稀释剂、原子灰等选择不配套导致的涂膜缺陷属于________因素。

　　A. 涂料　　B. 设备　　C. 环境　　D. 工艺

3. 涂膜产生橘皮的主要原因有________。

　　A. 喷枪离被涂面的距离过远　　B. 被涂物温度偏低

　　C. 喷涂过厚　　D. 晾干时间过长

4. 涂膜在涂料干燥过程中，表面出现凹凸不平的隆起、起皱的现象是________缺陷。

A. 流挂　　B. 颗粒　　C. 起皱　　D. 发花

5. 涂料黏度过高会导致涂膜产生________缺陷。

A. 流挂　　B. 颗粒　　C. 拉丝　　D. 沾污

6. ________是指涂装过程中的飞漆落在涂膜上，出现一片片粘在或部分陷入涂膜的团状微粒的现象。

A. 沾污　　B. 漆雾　　C. 发白　　D. 发花

7. 在换色喷涂时，喷枪清洗不干净，涂膜会出现________现象。

A. 渗色　　B. 色差　　C. 浮色　　D. 起云

8. ________是指有光泽的涂料在施涂后，涂膜光泽未能达到规定质量要求的现象。

A. 发白　　B. 发花　　C. 光泽不良　　D. 银粉不匀

9. 溶剂挥发快，涂料黏度偏高会使涂膜产生________。

A. 气泡　　B. 鼓包　　C. 针孔　　D. 颗粒

10. 通常针孔的直径小于________ mm，严重时针孔大小似皮革的毛孔。

A. 1　　B. 2　　C. 3　　D. 4

三、判断题（对的打“√”，错的打“×”）

1. 素色面漆是单组分面漆，一般采用双工序喷涂。（　　）
2. 出现流挂现象时，最好应在涂膜未干前予以修平。（　　）
3. 使用钴、锰催干剂过多会导致涂膜起皱。（　　）
4. 压缩空气管路中含有水分、油会使涂膜产生“鱼眼”缺陷。（　　）
5. 产生“鱼眼”缺陷的根本原因是涂料不能均匀附着，涂膜表面出现抽缩现象。（　　）
6. 多种颜料混合不均匀会导致涂料出现流挂现象。（　　）
7. 浮色是指涂膜表面与内部色调不一致，各断面色调有差异的现象。（　　）
8. 防治金属光泽不匀的措施是：采用60～80℃热风工序，缩短“湿碰湿”工艺的晾干时间。（　　）
9. 打磨时机不当，涂膜未干透就打磨会使涂膜出现原子灰残痕。（　　）
10. 干燥不良是指喷涂的涂膜干燥后，出现涂膜表干里不干、涂膜硬度低的现象。（　　）

四、简答题

1. 涂膜开裂的外观现象是怎样的？出现这种缺陷怎样补救？

2. 试分析涂膜表面出现原子灰残痕的原因。

3. 简述涂膜出现针孔缺陷的防治方法。

4. 渗色缺陷产生的原因有哪些?

5. 试分析“鱼眼”缺陷的防治方法。

五、实践与练习

1. 对照"流挂"缺陷的图片，分析涂膜产生"流挂"的原因。

流挂

2. 对照"橘皮"缺陷的图片，说明涂膜出现"橘皮"缺陷的防治方法。

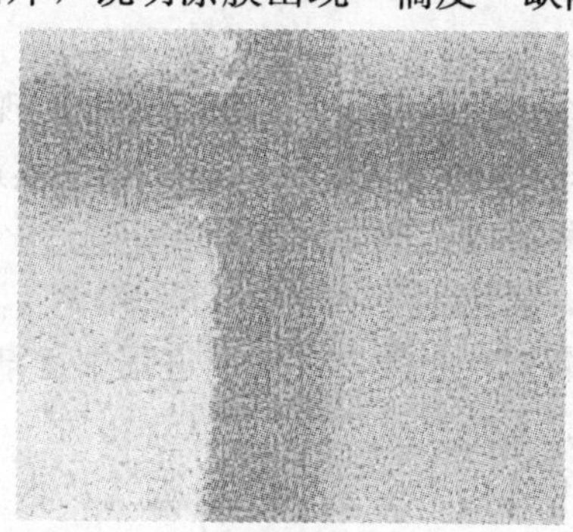

橘皮

课题 2　涂膜破坏状态与缺陷防治

一、填空题（将正确答案填写在空白处）

1. 涂膜中高分子树脂的＿＿＿＿＿＿＿＿作用造成了涂膜老化，涂膜老化是由各种＿＿＿＿＿＿＿＿因素引起的。

2. 涂膜破坏的其他影响因素包括＿＿＿＿＿＿、涂装工艺、＿＿＿＿＿和作业条件等。

3. 涂膜缺陷的观察方法有正面观察、＿＿＿＿＿＿和＿＿＿＿＿＿＿三种。

4. 褪色是指涂膜在使用过程中颜色发生变化，其色调、＿＿＿＿＿＿、饱和度明显偏离

__________的现象。

5. 涂膜的__________、耐水性或__________差会使涂膜起泡。

6. 涂层在使用过程中受__________溶解而产生的涂膜破坏，伴随着涂膜厚度减薄直至________的现象。

7. 使用非指定的__________，使涂膜对于________的有害影响更为敏感是导致涂膜出现龟裂的原因。

8. 喷涂金属银粉漆时，涂层与涂层间________太短或涂料调配________会导致涂膜黏结不牢。

9. 锈蚀是指涂装后不久，涂膜下出现________或________的现象。

10. 涂层____________差会使涂膜容易划伤。

二、选择题（选择正确的选项填写在横线上）

1. ________是由外界因素导致的涂膜破坏。

A. 龟裂　　B. 粉化　　C. 返粘　　D. 膨胀

2. 使用红外线烤灯在70～80℃的温度下烘烤________ min，可以使涂膜表面恢复原来的光泽。

A. 3　　B. 6　　C. 10　　D. 20

3. ________是指水滴落在涂膜表面后蒸发，使涂膜上出现一片片圆形印记的现象。

A. 雨水斑　　B. 污斑　　C. 汽油痕迹　　D. 返铜光

4. 红色、蓝色等颜料的迁移可以造成涂膜表面________。

A. 失光　　B. 褪色　　C. 粉化　　D. 返铜光

5. ________是指涂膜表面最初有光泽，在使用过程中逐渐失去光泽的现象。

A. 褪色　　B. 失光　　C. 污斑　　D. 变色

6. ________是指涂膜在使用过程中受紫外线、氧气及水分的作用，表面上析出有色粉末的现象。

A. 粉化　　B. 分化　　C. 褪色　　D. 变色

7. 底材中所含的碱性物质可以使涂膜________。

A. 起泡　　B. 流挂　　C. 咬底　　D. 返粘

8. ________是指在涂膜表面出现有朝不同方向扩展的不同长度和宽度裂纹的现象。

A. 分化　　B. 膨胀　　C. 龟裂　　D. 开裂

9. ________是指由于喷涂底材与涂层或涂层与涂层间附着力不良而产生的涂膜剥落的现象。

A. 开裂　　B. 龟裂　　C. 黏结不牢　　D. 咬底

10. ________是涂膜开裂或剥落的前兆。

A. 变脆　　B. 变色　　C. 发白　　D. 污斑

三、判断题（对的打"√"，错的打"×"）

1. 渗色缺陷是由外界因素导致的涂膜破坏。（　）

2. 观察涂膜破坏处日光灯管的反射光情况，若靠近日光灯管的区域较光亮，表示涂膜

缺陷为凹陷。 ( )

3. 如果污斑只在表层，可通过打磨和抛光的方法去除。 ( )

4. 如果出现严重失光现象，通过抛光即可恢复光泽。 ( )

5. 受热、紫外线的作用使树脂变质是涂膜起泡的主要原因。 ( )

6. 风化是比粉化更为严重的涂膜破坏状态。 ( )

7. 面漆层涂得过薄会引起涂膜开裂。 ( )

8. 对于轻微龟裂，可以进行粗蜡打磨或抛光处理。 ( )

9. 根据划伤的轻重程度，采用整体喷涂或局部小修补。 ( )

10. 被酸、碱、盐等腐蚀性介质侵蚀过的涂膜容易锈蚀。 ( )

四、简答题

1. 什么是涂膜老化？涂膜老化的主要因素有哪些？

2. 怎样使用日光灯光源判定涂膜表面的平整度？

3. 怎样去除由于污物的渗入而导致涂膜表面出现的污点？

4. 试分析涂膜褪色产生的原因和补救措施。

5. 简述车身涂膜粉化的外观现象和防治方法。

五、实践与练习

1. 对照涂膜表面“雨水痕迹”的图片，分析涂膜产生“雨水痕迹”的原因。

雨水痕迹

2. 对照涂膜表面出现“锈蚀”的图片，说明防治“锈蚀”缺陷的方法。

锈蚀

综合试卷一

一、填空题（将正确答案填写在空白处。每空 1 分，共 20 分）

1. 面涂层涂装包括面漆喷涂前准备、________、面漆局部修补喷涂以及________。

2. 防尘口罩不适合________或有气态化学危害物质的场合，不能用防尘口罩代替________使用。

3. 传统高气压喷枪的喷涂距离为______cm，最佳喷涂距离为______cm。

4. 汽车涂装车间经常使用的空气压缩机有______和______两种。

5. 真空吸尘器是________的集尘中心，主要用于收集打磨下来的______。

6. 车身涂层修补工艺按照修补的面积分为______、______和整车喷涂。

7. 根据功能不同，颜料可分为______、______及特殊效果颜料等。

8. 车身表面预处理常用砂纸的型号有______、______和 P60 三种。

9. 喷涂侵蚀底漆或其他黏度较低的隔绝底漆，一般选用________mm 口径的重力式底漆喷枪或者 1.5～1.7 mm 口径的______式底漆喷枪。

10. 如果固化剂过多，原子灰涂膜干燥后就会________；如果固化剂过少，原子灰就难以________。

二、选择题（选择正确的选项填写在横线上。每题 1 分，共 20 分）

1. 汽车涂装方法采用阳极电泳和自动静电喷涂是在______。

A. 第一阶段　　B. 第二阶段　　C. 第三阶段　　D. 第四阶段

2. 长期接触______会引起慢性中毒，形成白细胞减少、血小板降低、骨髓造血功能发生障碍等疾病。

A. 铬　　B. 铅　　C. 锌　　D. 苯

3. 中心喷口位于喷嘴末端，产生喷出涂料所需的______压。

A. 正　　B. 负　　C. 正或负　　D. 都不是

4. 红外线烤灯的烘烤距离为______cm。

A. 80～120　　B. 90～120　　C. 70～120　　D. 80～130

5. 美国新车涂膜的标准厚度参考值为______ μm。

A. 76～127　　B. 127～203　　C. 76～203　　D. 127～183

6. 将铝合金底材置于碱性溶液内，在高温下处理 5～20 min，使表面生成一层氧化膜的处理属于______处理。

A. 脱脂　　B. 磷化　　C. 钝化　　D. 氧化

7. ______是调整涂料黏度的主要仪器。

A. 黏度计　　B. 比例尺　　C. 电子秤　　D. 比色箱

8. 遮盖纸有不同的宽度，其宽度范围为________ mm。

A. 76～900　　B. 6～50　　C. 50～76　　D. 50～900

9. 如果在底漆层上直接进行面漆的喷涂，则需要喷涂得厚一些，总的涂膜厚度以不超过________为宜。

A. 1.3～1.5 mm　　B. 50 μm　　C. 1.7～1.9 mm　　D. 1.9～2.0 mm

10. 聚酯树脂原子灰适用于很多底材表面，但不能用于经磷化处理的裸金属表面，经多次刮涂后膜厚可达________ mm 以上而不开裂、脱落。

A. 10　　B. 20　　C. 30　　D. 50

11. 原子灰覆盖的范围一般要超出裸金属边缘________ mm。

A. 5～10　　B. 10～20　　C. 20～30　　D. 30～40

12. 第二层原子灰涂层的干燥要彻底，打磨选用________干磨砂纸。

A. P80　　B. P180　　C. P240　　D. P320

13. 如果喷涂表面有涂料的排斥反应，则________喷涂气压，以________方式盖住喷涂部位。

A. 减小、干喷　　B. 减小、湿喷　　C. 加大、干喷　　D. 加大、湿喷

14. 使用环保型重力式喷枪进行修补作业时，其喷涂距离一般为________ cm。

A. 10　　B. 13　　C. 17　　D. 25

15. 早在 1995 年德国大气净化法就规定，车身被涂面积的 VOC 排放量应小于________ g/m^2。

A. 25　　B. 35　　C. 65　　D. 105

16. 涂膜产生橘皮的主要原因有________。

A. 喷枪离被涂面的距离过远　　B. 被涂物温度偏低

C. 喷涂过厚　　D. 晾干时间过长

17. ________是由外界因素导致的涂膜破坏。

A. 龟裂　　B. 粉化　　C. 返粘　　D. 膨胀

18. 为了充分估计施工中的不确定因素对涂料消耗量的影响，确定涂料消耗量还必须留有一定的余量，一般在估计的基础上再增加________。

A. 10%～20%　　B. 20%～30%　　C. 30%～40%　　D. 40%～50%

19. 面漆喷涂结束后，须静置________ min，使涂膜中的溶剂充分挥发。

A. 3～5　　B. 5～8　　C. 8～10　　D. 10～20

20. 一般来说，抗砂石撞击涂层的厚度应为________ μm。

A. 10～20　　B. 30～40　　C. 50～60　　D. 60～80

三、判断题（对的打“√”，错的打“×”。每题 2 分，共 20 分）

1. 汽车涂装是指将涂料涂覆于经过处理的汽车底材表面上，经干燥成膜的工艺。（　　）

2. 半面式防毒面罩可以让空气充满整个面罩，不仅保护工作人员的呼吸系统，就连整个头部都能保护到。（　　）

3. 环保型高流量低气压喷枪的喷涂距离为13～17 cm，最佳喷涂距离为20 cm。（　）

4. 空气干燥器主要用于升高压缩空气的温度，它既可以吸收气流的热量，又可以清除杂质和残余的油、水。（　）

5. 机械清除工具只能以压缩空气作为动力源。（　）

6. 涂料的配制比例与涂料杯的形状无关。（　）

7. 修整原子灰涂层边缘的羽状边时，打磨幅度要大，否则会造成局部打磨不平。（　）

8. 浅色金属漆消斑处理时，清漆比例要少一些，色漆比例要相对多一些。（　）

9. 晕色处理后一定要强制干燥，一般在60℃的条件下，干燥30 min即可。（　）

10. 硬质塑料部件通常都与普通的涂装材料有较好的附着力，可不用塑料底漆进行处理。（　）

四、简答题（每题6分，共24分）

1. 现代汽车涂装的发展趋势主要集中在哪些方面？

2. 常用的灭火方法有哪三种？

3. 金属闪光漆整体喷涂的步骤是怎样的？

4. 什么是晕色处理?

五、问答题(每题 8 分,共 16 分)

1. 干磨工艺的具体流程是怎样的?

2. 试分析“鱼眼”缺陷的防治方法。

综合试卷二

一、填空题（将正确答案填写在空白处。每空1分，共20分）

1. 我国汽车工业起步于______世纪______年代，第一辆解放牌汽车下线以前，我国只有汽车修配业，汽车涂装只是作坊式的汽车修补涂装。

2. 喷涂作业中，活性炭面罩对________、硝基漆以及其他非氰化涂料有较好的防护效果，但对__________则无防护作用。

3. 手提式喷枪每次有效的移动距离为___________ mm，如果需喷涂的长度大于__________ mm，就需分段喷涂。

4. 常见的快速接头和插头按惯用标准分为__________和__________两种。

5. 按照车间的布置方式，无尘干磨系统分为有固定工位的__________和无固定工位的__________两种。

6. 车身涂层修补工艺按照漆膜损伤的程度不同分为__________的修补和______________两种。

7. 除锈水的作用是清除______________，提高表面的__________。

8. 车身常用中涂底漆有______________和______________两类。

9. 打磨中涂底漆涂层一般以________打磨为主，可以采用______和湿磨两种打磨方法。

10. 面漆按照其装饰性不同分为____________、普通金属漆、___________和罩光清漆。

二、选择题（选择正确的选项填写在横线上。每题1分，共20分）

1. 汽车外表的________以上是涂装表面。

   A. 70%　　B. 80%　　C. 90%　　D. 100%

2. ________适合在修补涂装中处理底材、手工除锈、除旧漆和干磨原子灰时使用。

   A. 防尘口罩　　B. 滤筒式防毒面具

   C. 供气式防毒面罩　　D. 棉纱口罩

3. ________是专门用于小面积修补的喷枪，目前广泛用于汽车修理厂、汽车美容店等场所。

   A. 小修补喷枪　　B. 底漆喷枪　　C. 面漆喷枪　　D. 压力式喷枪

4. 烘烤时，烤漆房必须持续排出和补给________的空气，防止溶剂蒸气积累引发爆炸。

   A. 10%　　B. 20%　　C. 30%　　D. 40%

5. 一般来说，偏心距为________ mm的打磨机用于打磨漆面，偏心距为________ mm的打磨机用于打磨羽状边。

   A. 3、5　　B. 4、6　　C. 5、7　　D. 6、8

6. ________是指面漆经多年使用，漆膜老化，以及汽车大修后进行的整车翻新。

A. 点修补　　B. 整车喷涂　　C. 局部部件修补　　D. 局部修补

7. 加热处理法是用________砂纸对涂膜表面进行湿打磨，降低涂膜的光泽后用红外线烤灯进行加热。

A. P800～P900　　B. P700～P1000

C. P800～P1000　　D. P900～P1000

8. 羽状边的打磨应该以________的夹角将打磨机托盘轻压在裸金属与旧涂膜的交界处。

A. 5°～10°　　B. 10°～15°　　C. 15°～20°　　D. 8°～12°

9. 中涂底漆喷涂所用的空气压力________面漆喷涂所用的空气压力。

A. 等于　　B. 高于　　C. 低于　　D. 大于

10. 底漆喷涂后，静置________ min 使底漆中的溶剂大部分挥发，然后开始升温烘烤。

A. 5～10　　B. 10～15　　C. 15～20　　D. 20～25

11. 原子灰的________以黄、白两色为主，主要是为了降低原子灰的鲜艳度，提高面漆层的遮盖能力。

A. 着色颜料　　B. 体质颜料　　C. 填充颜料　　D. 有机颜料

12. ________的刮涂方式适用于既有平面又有曲面的构件。

A. 先上后刮　　B. 带上带刮　　C. 软上硬收　　D. 硬上硬收

13. 当面漆为素色漆时，采用________砂纸。

A. P200～P300　　B. P320～P400　　C. P400～P500　　D. P500～P800

14. 涂装素色漆后，在涂膜厚度达到________ μm 时即可显现完全的色调。

A. 30　　B. 40　　C. 50　　D. 60

15. 优质水性漆涂装排放的 VOC 较溶剂型漆降低了________，符合当今及未来的法律法规要求。

A. 83.5％　　B. 73.5％　　C. 53.5％　　D. 43.5％

16. 涂料黏度过高会导致涂膜产生________缺陷。

A. 流挂　　B. 颗粒　　C. 拉丝　　D. 沾污

17. 红色、蓝色等颜料的迁移可以造成涂膜表面________。

A. 失光　　B. 褪色　　C. 粉化　　D. 返铜光

18. 进行颜色比较时，视线与光线间应成________的夹角。

A. 25°　　B. 45°　　C. 75°　　D. 90°

19. 金属闪光漆整体预喷涂比素色漆整体预喷涂的气压要________，喷涂的速度要________，喷涂表面较干。

A. 低、快　　B. 低、慢　　C. 高、快　　D. 高、慢

20. 在软质塑料件上喷涂中涂底漆时，应优先选择________型稀释剂，且每道喷涂要薄一些，不要过湿。

A. 慢干　　B. 高温　　C. 快干　　D. 标准

三、判断题（对的打“√”，错的打“×”。每题 2 分，共 20 分）

1. 刮涂是用刮板将涂料刮于被涂物表面的涂装方法。　　（　　）

2. 如果操作者安全意识淡薄，就很容易发生事故，严重时还会造成人员伤亡。　　（　　）

3. 面漆喷枪不必强调雾化效果，但是喷涂的面漆必须颜色均匀、流平性好，在面漆喷枪的喷幅中，雾化区比中心湿润区宽大。（　　）

4. 同一管径的管路越长，空气通过的气压降就越小。（　　）

5. 现代汽车维修行业常用的是高温烤漆房，简称烤漆房。（　　）

6. 氧化处理是将铝合金底材置于含碳酸钠、铬酸盐等碱性溶液内，在高温下处理 5～20 min，使其表面生成一层氧化膜。（　　）

7. 混合涂料时，不同混合比例对应同一比例尺。（　　）

8. 压缩空气管路中含有水分、油会使涂膜产生“鱼眼”缺陷。（　　）

9. 对于轻微龟裂，可以进行粗蜡打磨或抛光处理。（　　）

10. 对于任何一种颜色来说，加入其他品种的颜色后，其颜色的饱和度都会降低。（　　）

四、简答题（每题 6 分，共 24 分）

1. 汽车涂装有哪些作用?

2. 压缩空气供给系统的组成及作用是什么?

3. 简述表面预处理的作用。

4. 用燃烧法怎样鉴别塑料件材质的类型？

五、问答题（每题8分，共16分）

1. 试分析涂膜出现针孔缺陷的防治方法。

2. 水性漆修补的工序步骤是怎样的？

综合试卷三

一、填空题（将正确答案填写在空白处。每空1分，共20分）

1. 涂装材料的______和______是获得优质涂层的基本条件。

2. 喷枪是利用压缩空气的压力使______雾化，形成雾状喷射流，将涂料喷涂到______上，形成厚薄均匀、具有光泽的涂膜。

3. 当储气罐内的压力达到最大值时，______开启，罐内的压缩空气排向大气，使压缩机______。

4. 烤漆房墙体结构可分为______和______两类。

5. 车身常用底漆根据其用途不同可分为______和______。

6. 中涂底漆的着色颜料多采用灰色、______和______等易于遮盖的颜色。

7. 素色漆一般喷涂三次就能形成所需要的______、______和色调。

8. 局部修补喷涂的关键是解决喷涂区域与非喷涂区域之间______，使之与周围部位的颜色一致，______相同。

9. 涂膜修整的主要内容包括______和______。

10. 塑料由合成树脂、填料和______组成，其中______是塑料的主要成分。

二、选择题（选择正确的选项填写在横线上。每题1分，共20分）

1. ______是汽车修补涂装中难度最大的涂装工序，涂料的选用是否合理、颜色的调配是否准确，都直接影响涂装工作的成败。

A. 中涂底漆涂层涂装　　B. 底涂层涂装
C. 面漆喷涂前准备　　D. 汽车修补涂装前准备

2. ______用于除油、清洗喷枪等与溶剂直接接触的场合。

A. 棉纱手套　　B. 乳胶手套　　C. 防溶剂手套　　D. 防滑手套

3. 环保型高流量低气压喷枪工作压力低，非常安静，涂料的反弹率小，涂料的利用率在______以上。

A. 70%　　B. 60%　　C. 65%　　D. 75%

4. 安装空气压缩机时，墙体和其他障碍物应距离空气压缩机______cm以上，以有利于空气的流动和机体的散热。

A. 20　　B. 30　　C. 40　　D. 50

5. ______砂纸用于清除漆面的颗粒、橘皮和脏点。

A. P500～P1600　　B. P400～P1200　　C. P700～P1800　　D. P600～P1500

6. 配制清洗液的比例为______。

A. 1∶80　　B. 1∶90　　C. 1∶100　　D. 1∶120

7. ________是起溶解树脂作用的溶剂。

A. 真溶剂　　B. 助溶剂　　C. 稀释剂　　D. 添加剂

8. ________工序处理方法是用一块干净抹布蘸上脱脂除蜡剂，在底材上擦洗，每次擦洗面积为0.2～0.3 m^2，以有效清除油污和蜡质。

A. 磷化　　B. 脱脂　　C. 钝化　　D. 氧化

9. 遮盖纸有不同的宽度，其宽度范围为________mm。

A. 76～900　　B. 6～50　　C. 50～76　　D. 50～900

10. 大面积喷涂时，最好使用________式喷枪。

A. 重力　　B. 吸力　　C. 上壶　　D. 压送

11. ________填补能力比较差，且不耐溶剂，易被面漆中的溶剂咬起，不能作为大面积刮涂使用。

A. 聚酯原子灰　　B. 塑料原子灰　　C. 幼滑原子灰　　D. 合金原子灰

12. 原子灰混合固化剂后，其活化寿命很短，常温下只有________min。

A. 3～5　　B. 5～7　　C. 7～9　　D. 13～15

13. 中涂底漆喷涂前打磨的目的是增加打磨表面的附着力，其打磨的面积________原子灰区域。

A. 大于　　B. 小于　　C. 等于　　D. 以上均可

14. 在60℃的条件下，修补原子灰烘烤________min就能完全干燥。

A. 3～5　　B. 5～10　　C. 10～15　　D. 15～20

15. 任何一种颜色，如果加入________，可以提高混合颜色的明度；反之，加入黑色，可以________混合颜色的明度。

A. 黑色、提高　　B. 黑色、降低　　C. 白色、提高　　D. 白色、降低

16. ________能使涂膜最终达到反光和提高鲜映性的效果。

A. 粗蜡　　B. 中粗蜡　　C. 细蜡　　D. 上光蜡

17. 汽车后视镜的外壳是由________塑料制作而成的。

A. PVC　　B. ABS　　C. PP　　D. PU

18. 干燥水性漆时，将吹风枪置于距离喷涂表面________cm处。

A. 10～30　　B. 30～50　　C. 60～80　　D. 90～120

19. ________是指有光泽的涂料在施涂后，涂膜光泽未能达到规定质量要求的现象。

A. 发白　　B. 发花　　C. 光泽不良　　D. 银粉不匀

20. ________是指涂膜在使用过程中受紫外线、氧气及水分的作用，表面上析出有色粉末的现象。

A. 粉化　　B. 分化　　C. 褪色　　D. 变色

三、判断题（对的打“√”，错的打“×”。每题2分，共20分）

1. 焚烧后产生的残留物不管是否含有害物质，都可以直接深埋处理。（　）

2. 拧进涂料流量调节旋钮，涂料喷出量减少，喷雾变稀；拧出涂料流量调节旋钮，涂料喷出量增大。（　）

3. 烤漆房内的空气应自下而上流动，喷漆时，风速应在 0.3～0.5 m/s 范围内，不会产生气流死角、漆雾回落和涂膜的流平性不良等现象。 （ ）

4. 汽车用的遮盖胶带必须能抗热和抗溶剂，而且其黏合胶应该在剥落以后不会粘在车身表面上。 （ ）

5. 指导层的颜色以反差小一些为好。 （ ）

6. 普通原子灰可直接刮涂在裸露出的小面积金属上。 （ ）

7. 刮涂第一层原子灰只求平整，不求光滑，车身板件较大凹坑的刮涂只求初步平整。 （ ）

8. 水性中涂底漆的抗石击性能比传统溶剂型中涂底漆差。 （ ）

9. 打磨时机不当，涂膜未干透就打磨会使涂膜出现原子灰残痕。 （ ）

10. 受热、紫外线的作用使树脂变质是涂膜起泡的主要原因。 （ ）

四、简答题（每题 6 分，共 24 分）

1. 汽车涂装作业管理推行的“6S”管理的核心内容是什么？

2. 空气喷枪使用前需要进行哪些方面的调整？

3. 底漆的作用是什么？

1

4. 烤漆房的基本要求有哪些？

五、问答题（每题 8 分，共 16 分）

1. 试分析涂膜褪色产生的原因和补救措施。

2. 喷涂前遮盖有哪些注意事项？

综合试卷四

一、填空题（将正确答案填写在空白处。每空 1 分，共 20 分）

1. 涂装工艺的____________和____________是获得优质涂层的必要条件。

2. 空气喷枪侧喷口的作用是借助______________控制__________形状。

3. 烤漆房喷漆温度冬季一般设定为_____℃，夏季一般设定为_____℃。

4. 塑料底漆通常为________组分，开罐即可使用，直接喷涂一薄层，静置 10 min 左右，待稍稍干燥后就能继续喷涂________或面漆。

5. 遮盖胶带有______________和____________两种。

6. 原子灰打磨工具有______________和______________。

7. 金属闪光漆中，____________等成分密度较大，喷涂前要充分搅拌，以防喷涂的__________不一致。

8. 在整车上进行晕色处理，一般选择有______________或车身形体过渡到______________的地方结束。

9. 干磨工艺所需要的打磨设备有干磨工具车、____________、单动作打磨机、双动作打磨机、____________、吸尘软管、打磨机保护垫等。

10. 快速修补工艺是指通过专业的____________、专用的施工工位，对符合______________标准的车辆专门进行的汽车涂装修补工艺。

二、选择题（选择正确的选项填写在横线上。每题 1 分，共 20 分）

1. 现代汽车的修补涂装工艺按照涂装作业顺序可以分为_______个基本工序。

A. 4　　B. 6　　C. 8　　D. 10

2. ________灭火器适用于火源集中、泡沫容易堆积等场合的火灾扑救。

A. 酸碱式　　B. 泡沫式　　C. 高倍数泡沫　　D. 干粉

3. 喷涂时，后一道喷幅应在前一道喷幅上重叠________的宽度，以确保喷涂涂层均匀、流平性好。

A. 1/3～2/3　　B. 1/4～2/3　　C. 1/2～2/3　　D. 1/5～2/3

4. 通过净化系统的一系列流程，油水分离器能消除压缩空气中直径为________μm 的颗粒，水净化率可达到 100%，油污净化率可达到 99.99%。

A. 0.01　　B. 0.02　　C. 0.03　　D. 0.05

5. 打磨时，前后两道砂痕之间重叠________，这样有利于磨平整个漆面，不会产生很深的划痕，也不会遗漏需要打磨的部位。

A. 40%～60%　　B. 30%～60%　　C. 50%～60%　　D. 50%～70%

6. ________最为显眼，不宜采用点修补工艺，通常要进行整板修补涂装。

A. A 区　　B. B 区　　C. C 区　　D. D 区

7. ________对涂料的性能起着决定性的作用。

A. 添加剂　　B. 树脂　　C. 颜料　　D. 溶剂

8. 磷化底漆混合要静置 30 min，调配好的磷化底漆必须在________h 之内用完。

A. 10　　B. 12　　C. 15　　D. 8

9. 底漆和金属漆应选用的涂料过滤网筛目数为________。

A. 80～100 目　　B. 150 目以上　　C. 150～180 目　　D. 180 目以上

10. 原子灰涂层的打磨以________为好。

A. 水磨　　B. 干磨

C. 水磨和干磨均可　　D. 半干磨

11. 车用中涂底漆的颜料多为体质颜料，具有良好的填充性能，喷涂两道后涂膜的厚度可达________μm。

A. 20～30　　B. 40～50　　C. 50～80　　D. 60～100

12. 在大平面基本达到要求后，用砂纸或________手工打磨板件的边缘和不易打磨到的部位。

A. 菜瓜布　　B. 油石　　C. 海绵砂纸　　D. 抛光蜡

13. 颜色比对的方法有比较法、点漆法、________和制作色漆样板法。

A. 经验法　　B. 查找代码法　　C. 涂抹法　　D. 色卡比较法

14. 雾罩喷涂时，喷涂气压和出漆量必须________，喷涂距离要适当________，喷幅旋钮要调至最大。

A. 调小、减小　　B. 调小、加大　　C. 调大、减小　　D. 调大、加大

15. 喷涂速度越快，素色漆涂膜出现的凸纹高度________，凸纹数目________。

A. 越低、越少　　B. 越低、越多　　C. 越高、越少　　D. 越高、越多

16. 涂膜干燥程度为________时是抛光处理的最好时机。

A. 90%　　B. 60%　　C. 40%　　D. 20%

17. 硬质塑料板件是新板材时，要用专用的脱模剂清洗液进行清洗或用软布蘸上________进行全面擦拭，以去除脱模剂成分。

A. 酒精　　B. 除油剂　　C. 稀释剂　　D. 溶剂

18. 无尘干磨在打磨速度上比手工水磨快________倍。

A. 1～2　　B. 2～3　　C. 3～4　　D. 4～5

19. 普通快修补适用于车身涂膜创面范围在________cm^2以内，凹陷深度小于 2.5 mm，凹陷范围的直径在________cm 以内的轻度损伤。

A. 20、5　　B. 10、5　　C. 20、2.5　　D. 10、2.5

20. 溶剂挥发快，涂料黏度偏高会使涂膜产生________。

A. 气泡　　B. 鼓包　　C. 针孔　　D. 颗粒

三、判断题（对的打“√”，错的打“×”。每题 2 分，共 20 分）

1. 电动打磨机、空气压缩机、烤漆房等机电设备使用的均为高压直流电。（　）

2. 燃烧器打火应 1～2 次成功，超过两次就需要进行维修。（　）

3. B 区显眼程度次于 A 区，漆膜损伤范围小于 10 cm^2 的情况可以采用点修补工艺，其他情况只能采用整板修补工艺。（　）

4. 树脂多数可溶于有机溶剂，而难溶于水或不溶于水。（　）

5. 板件部分重涂，可以将板件特征线作为遮盖边界。（　）

6. 喷涂的底漆不要太厚，只要能完全盖住车身底材，提供足够的附着力即可。（　）

7. 应使用颜色对比度小的涂料以喷涂的方法做中涂底漆的指导层。（　）

8. 干燥水性漆时，吹风枪与涂膜表面应成 45°角。（　）

9. 使用钴、锰催干剂过多会导致涂膜起皱。（　）

10. 渗色缺陷是由外界因素导致的涂膜破坏。（　）

四、简答题（每题 6 分，共 24 分）

1. 烤漆房使用注意事项有哪些？

2. 简述如何根据涂膜受损面积选择修补工艺。

3. 什么是反向遮盖法？它的作用是什么？

4. 怎样进行面漆喷涂前打磨？

五、问答题（每题 8 分，共 16 分）

1. 怎样进行水性漆的遮盖喷涂？

2. 底漆的选用应遵循哪些原则？

综合试卷五

一、填空题（将正确答案填写在空白处。每空 1 分，共 20 分）

1. 供气式防毒面罩有________和________两种。

2. 现代汽车维修行业常用的是________烤漆房，简称烤漆房，低温烤漆房大多为________。

3. 干磨砂纸一般是片状带孔砂纸，有________和________两种。

4. 树脂可分为________树脂和________树脂。

5. 中涂底漆喷涂时通常使用________遮盖法，以防产生________。

6. 可用于指导层的材料有很多，漆膜表面的打磨一般用________做指导层，原子灰的打磨用________做指导层。

7. 根据使用的场合不同，原子灰可以采用________、________和喷涂。

8. 汽车水性漆是以________作为油漆的主要溶解物和稀释剂，以有效减少油漆中挥发性________。

9. 咬底是指喷涂第一道面漆于底层表面时，因底层________而引起的起皱、________、起泡等现象。

10. 涂膜中高分子树脂的________作用造成了涂膜老化，涂膜老化是由各种________因素引起的。

二、选择题（选择正确的选项填写在横线上。每题 1 分，共 20 分）

1. 工程车涂成黄色与黑色相间的条纹是利用涂装的________作用。

A. 装饰　　B. 保护　　C. 标识　　D. 特殊

2. 正规的眼睛防护用具都进行了特殊处理，镜片具有________功能，以保证涂装作业的顺利进行。

A. 加热　　B. 不起雾　　C. 防水　　D. 自清洁

3. ________喷枪主要喷涂黏度较小的涂料，广泛应用于汽车修补涂装。

A. 重力式　　B. 吸力式　　C. 压力式　　D. 环保型

4. 常见的________有化学式、除湿式和冷冻式三种。

A. 空气干燥器　　B. 空气压缩机　　C. 储气罐　　D. 油水分离器

5. 汽车维修烤漆作业的温度不得高于________℃。

A. 60　　B. 70　　C. 80　　D. 90

6. ________打磨机主要用于消除钣金焊点和除旧漆作业。

A. 单动作　　B. 双动作　　C. 轨道　　D. 抛光

7. ________不需要进行底涂层涂装工序。

A. 整车重涂　　B. 整板重涂
C. 从底到面局部修补　　D. 点修补

8. ________不能用于镀锌板上。
A. 脱脂剂　　B. 除锈水　　C. 脱漆剂　　D. 防腐膏

9. 检查涂料黏度时，两次测试的底漆黏度值之差不能大于平均值的________，否则需要重新测量。
A. 2%　　B. 3%　　C. 4%　　D. 5%

10. 普通遮盖胶带的宽度范围为________ mm。
A. 76～900　　B. 6～50　　C. 50～76　　D. 50～900

11. 可以直接填充直径小于 50 mm 的孔洞而无须钣金修复的原子灰是________。
A. 普通原子灰　　B. 合金原子灰　　C. 纤维原子灰　　D. 塑料原子灰

12. 打磨机适用于平坦或柔和弯曲部位的磨平，特别是________的打磨。
A. 大片平面　　B. 小范围　　C. 狭窄处　　D. 曲面

13. 中涂底漆喷涂前打磨时，不能用打磨机的地方要用________砂纸以手工打磨。
A. P400　　B. P600　　C. P800　　D. P1000

14. 分辨颜色差异时，可以根据色母的特性，在________下进行仔细的分析。
A. 钠灯　　B. D65 光源　　C. 紫外灯　　D. 日光灯

15. 喷涂金属闪光漆的涂料黏度一般为________ s。
A. 14～16　　B. 16～18　　C. 18～20　　D. 20～22

16. 喷涂表面的光泽为着色喷涂结束时光泽的________。
A. 10%～30%　　B. 30%～50%　　C. 50%～70%　　D. 70%～90%

17. 用粗蜡抛光时，抛光机的转速应调到________ r/min。
A. 1 000　　B. 1 500　　C. 2 000　　D. 3 000

18. 软质塑料件使用的面漆通常也需要加入________。
A. 柔软剂　　B. 表面清洁剂　　C. 防沉淀剂　　D. 催化剂

19. 打磨旧涂膜破损边缘羽状边，用偏心距为 5 mm 的双动作打磨机配合________干磨砂纸。
A. P60　　B. P80　　C. P120　　D. P180

20. UV 速干中涂底漆用紫外线烤灯干燥通常只需________ min。
A. 3　　B. 4　　C. 5　　D. 6

三、判断题（对的打"√"，错的打"×"。每题 2 分，共 20 分）

1. 自动卸载器是利用空气压力控制电动机电源开闭的开关。（　）
2. 绿色菜瓜布相当于 P240 砂纸，红色菜瓜布相当于 P360 砂纸。（　）
3. 涂膜损伤范围在 10 cm^2 以内或小凹坑的直径在 2.5 cm 范围内，采用点修补工艺。（　）
4. 选用涂料时应遵循底强上弱的原则，以防产生"咬底"现象，各层涂料之间应有较强的结合力。（　）
5. 中涂底漆一次不能喷涂得太厚，要分几次薄薄地喷涂。（　）

6. 色母的添加要逐次循环添加，不要一次添加过量，否则会导致调色失败。 （ ）
7. 晕色区抛光的方向只能从重涂区域向非重涂区域运行，不能反向抛光。 （ ）
8. 划痕与涂层颜色有直接的关系，颜色越深，划痕越明显。 （ ）
9. 水磨会引起底材生锈，原子灰、中涂底漆需要多次干燥。 （ ）
10. 特快修补时，如果缺陷处于板件中央部位，可以省略遮盖。 （ ）

四、简答题（每题 6 分，共 24 分）

1. 怎样进行大面积平整旧漆表面的打磨？

2. 车身原涂层涂料类型的鉴别方法有哪些？

3. 原子灰的作用是什么？

4. 面漆喷涂前准备包括哪些主要内容？

五、问答题（每题 8 分，共 16 分）

1. 怎样进行手工抛光？

2. 怎样刮涂局部圆形小凹陷处的原子灰？